U0164772

智慧解脫 vs 政宗狂熱

盧子 編著

獻給

太太和囡囡

目　次

5

引 言

　　人世間有無數多個主張、學說、理念、信仰……任何思想都會有正反立場，任何立場都會有溫和、激進甚至狂熱的支持者。大智大慧的反面就是不智不慧，不智不慧的極致就是狂熱。

　　任何狂熱皆危險，政治／宗教狂熱最危險。政宗狂熱乃是「正宗」狂熱。政治宗教乃敏感話題，人們在其他範疇（如文學、科學、運動、娛樂等）的問題上有分歧，通常不會發生嚴重的流血衝突，但在政治宗教（尤其是宗教）問題上有分歧，就往往會造成嚴重的流血衝突——即以強權甚至暴力宣揚己見、壓制異見，強迫對方接受，此之謂狂熱。

　　很多人不明白，其實政宗狂熱者所狂熱的究竟是些什麼呢？勒龐一語道破，政治／宗教狂熱者就是「自信掌握現世或來世幸福祕密的人。」[1]海納爾更言明：「狂熱主義者認為自己才是真理的唯一擁有者：『我們掌握真理』。……他們是正義的、正直的，他們擁有偉大的、不可思議的智慧。……他們提供着答案，要讓人們相信現世或者來世存在着天堂。……然而，他們卻會將違反道德的事情合理化，譬如『我們是為了全人類的福祉而大開殺戒的』。」[2]

　　這些自以為為天下蒼生找到了現世或來世的幸福祕密的政宗狂熱者，卻會對其所要救贖的蒼生進行種種恐怖統治

7

——種種野蠻、混亂、暴力、血腥等等泯滅人性的恐怖統治。先舉一個相當有代表性的歷史實例——

　　　　理性崇拜:「是法國大革命時期出現的反宗教運動，包括放逐或處決神職人員和修女;大規模破壞宗教遺跡;強迫神職人員放棄自己的誓言並強迫結婚;引起廣泛西部旺代地區的暴亂。1793年10月21日法國頒佈法律，將所有涉嫌庇護神職人員的個人『就地處決』。1793年11月10日，新的『理性節日（The Festival of Reason）』崇拜儀式在巴黎聖母院舉行創始儀式，理性崇拜達到最高潮。持相反意見者被視為『反革命』，1794年春季，激進的埃貝爾派和溫和的山嶽派等都有人被送上斷頭台。」[3]

　　李天命說:「思方學旨在喚醒人的頭腦，比如鼓勵人看最劣的宗教毒草，演示如何刺破其弊謬。宗教狂企圖麻痺人的頭腦，比如勸阻人看最佳的思方傑作，免得識破其宗教弊謬。『阻撓……』比『勸阻……』更醜陋。」[4]至於好像上述「理性崇拜」者那種以暴力迫害「非理性」的相反意見者就最為醜陋了。口說「崇拜」理性，實則崇尚暴力——因為自以為掌握了真理、掌握了公義（或正義），於是可以強迫對方接受其所謂的「**理性**」的幸福天堂，這可說是一切狂熱者的共通特性了。

　　人類經過漫長的演化，由猿人進化成智人，然而這班智

人儘管叫做「智人」，但迄今為止——不論中外哪個文化傳統——都仍會遭受到自身「不智」的狂熱思緒的恐怖蹂躪，可見狂熱思緒是個超越文化界限、植根人類思想心靈深處的普遍問題。而歷史上這些恐怖統治的底因往往就在於這班狂熱者自以為是的「幸福祕密」，究竟這些「幸福祕密」有何思想上與心理上的盲點，可以令這班狂熱者如痴如醉？本書嘗試分別就着這兩個範疇，將前賢的智慧觀點作出整理與解讀。

上 部

智 破 狂 熱 之 思

不管有沒有同政治權勢、現實利益等因素扯上關係，對這些因素一概置之不理（不讓它們左右評估考慮），惟以理性為依歸，悖謬則批之，於思維有惡劣影響則加以剌破——此之謂「**獨立思考／批判精神**」的體現。[5]

——李天命

政宗狂熱者自信掌握現世或來世的幸福祕密，這些幸福祕密代表着真理、代表着公義，因此他們認為自己可以為所欲為。換句話說，從思想層面而言，他們自以為所掌握的幸福祕密，大致可分為兩種形態，一種是自以為所掌握的幸福理論是為「**絕對真理**」，另一種是自以為自己直接掌握了「**絕對公義**」。

　　可惜兩者皆屬虛妄。現試分述如下。

I　真理幻覺

　　政宗狂熱者之所以認為掌握了現世或來世的幸福祕密，其中一種形態是因為自以為所掌握的幸福理論是為「絕對真理」。何謂「絕對真理」？李天命指出：「人們所謂的『絕對真理』，大抵是指（他們所以為的）某種既有必然性又有信息內容且有根本重要性的普遍命題。」[6]然而，這樣的「絕對真理」是不存在的，因為「沒有任何語句能夠既有實質內容，又有必然性」。以為有，這正是「各式各樣狂熱而獨斷的教條主義的盲目態度之所在。」[7]李天命說。換言之，政宗狂熱者之所以狂熱於傳銷其「絕對真理」，只是出於真理的幻覺。而這種真理的幻覺又可以分為**語害空想**和**謬誤妄想**兩種。

一、語害空想

　　李天命的〈思考與心魔〉將其中一種最嚴重的真理幻覺

——語害空想予以徹底剖析：「語害有一共同點，就是『**可逃避否證**』。……由於缺乏可否證性，無法以事實證據來檢驗，因而與客觀事實或真實世界隔絕，以致成了一種如同自鎖自閉的、『與世無涉』的言論。……這類好像無所不包的封閉系統之所以不能被證實為假，無非語害的特性使然。但許多人都看不穿這個機竅，反倒以為此等封閉系統之『不可否證性』正表明了那是絕對真理。這種誤解可以叫做『真理的幻覺』。有此幻覺的人，一旦以為自己尋找到了放諸四海而皆準、證諸百世而可行的絕對真理，就容易傾向於以真理使者自居，進而產生一種要替天行道的狂熱情緒。」[8]

譬如2019年的香港，就有大批人以暴力示威、破壞社會的方式去追求「符合國際標準的真普選」，他們自以為真理在手，因而訴諸暴力。然而這個「不能被證實為假、不能被推翻」的「絕對真理」，無非是一個缺乏可否證性，即缺乏信息內容，對世界一無所述、與世無涉的封閉系統。以下批析這個主張。

（1）曖昧標準

（i）熟悉當清晰

關於「國際標準」這類詞語，李天命這樣提示：「有許多其實並無意義或至少意義不明的言辭，由於不算文理錯亂，起碼沒有違反語法規則，同時又是我們所熟悉的，結果常被視為有清晰的意義。這類言辭倒是更須注意警惕的。」[9]譬如「中

國人的觀點」究竟是什麼意思？「如果說，任何一個中國人所持的觀點都叫做『中國人的觀點』，那麼這個詞語就指稱一堆互相衝突的觀點，因為不同的中國人有許多觀點都是互相衝突的。另一方面，如果說大多數中國人所持的共同觀點才叫做『中國人的觀點』，那麼我們用這個詞語時就必須先弄清楚：那到底是怎麼樣的一個觀點？」[10]

　　用相同的方式可以拆穿「國際標準」一詞的曖昧性與蒙混性。如果說任何一個普選制度所持的標準都叫做普選的「國際標準」的話，那麼香港就可以不須理會國際上其他地區的普選標準，自行訂立自己的標準就已經算做符合「國際標準」的了。然而這時「國際標準」這個詞語就指稱一堆互相衝突的標準，因為不同的普選制度有許多選舉標準都是互相衝突的，譬如英國的普選並不是直接選元首的，而法國的卻是，那麼這時的「國際標準」就是一個曖昧不明的字眼。另一方面，如果說大多數普選制度所持的共同標準才叫做普選的「國際標準」，那麼這到底是怎麼樣的一個標準？要達成這麼一個標準，就要先對所有的普選制度作出全面的考究和仔細的比較，提出「國際標準」的有關人等有做過這麼一個龐大的研究嗎？如果有，那有關的研究報告又在哪裏？最重要的是，這樣的標準究竟具有哪些具體細節？如參選人在年齡、學歷、職業、政黨背景、宗教信仰、犯罪紀錄等等方面有何具體的要求？如果沒有相關的具體細節，有關人等是如何判別哪個制度符合或不符合「國際標準」的呢？

總括而言，「符合／不符合國際標準」跟「危害國家民族的根本利益」這個提法一樣，當「缺乏或『割離』了（比較具體的條文細則來加以闡明，或有法律傳統中的經典判例作為參照憑據）諸如此類的詮釋基礎，那麼這種提法就無非是浮詞虛語罷了。」[11]

（ii）虛浮當普遍

　　對於以上的批析，盲目的示威者是不會理會的。因為所謂的「國際標準」越不明確具體就越「好」，虛浮的言辭由於「漫無分際而沒有定準」[12]，意思是指這些字眼的應用界線並不清楚，於是其「適用範圍」就會變得無邊廣闊，因此可以「包含」無限個可能性，產生對號入座的效應，不同的人都可以按其需要而隨意演繹、隨意運用。當未有具體的條文細則來加以闡明其分際定準或者應用界線，人們就隨意運用「國際標準」一詞來判定哪個普選制度「符合／不符合國際標準」時，那只不過是將他們「自己的標準」等同於「國際標準」罷了。結果，這就會造成一種假象，就是令人（自覺或不自覺的）以為，「國際標準」這個虛浮學說，既然「容許」所有人都可以按其需要而隨意運用的話，這就正好表明其本身就是一個集結了天下所有人的願望的「普世理想」——一個**普遍真理**了。而這就是李天命所說的：「將虛浮性與普遍性混淆，將虛浮的學說等同於普遍真理」[13] 的虛妄思路了。

進一步言，對於這個「人人適用」的「國際標準」理論，即使你不贊同，你也是無法否定當中任何一個解釋，以至無法否定整個「普遍真理」的，為什麼呢？李天命即指出：「曖昧的言辭一般說不上真假；迷糊不清、意義不明的言辭既無法被辨識為真，也無法被辨識為假。由於沒有真假可言的說法連『假』這個資格都不具備，當然就不可能被證實為假了，換言之就是缺乏了『可否證性』。」[14] 由此可見，示威者追求一個「符合國際標準的普選制度」並不能被證實為假，那只是因為有關的「國際標準」根本未有明確的意思或者條文細則，因而缺乏了可否證性，即是連「假」的資格都沒有。愚人不了解這個關鍵的要害，就以為這種「不能被證實為假」的「國際標準」理論是個放諸四海而皆準、必然為真的「絕對真理」或「最高原理」了。可惜的是，「語意虛浮的學說，……是無法被確實應用的。……倘若我們採用某種學說來指導實踐，實際上卻只能依靠自己去摸索，那不啻表明該學說無用而已。」[15] 換句話說，以此等曖昧虛浮的「國際標準」理論作為普選制度的指導思想，只會令人盲目摸索，而不會得到任何具體的指引的。

　　分析至此，我們不妨建議暴力示威者為了貫徹他們對「國際標準」的透徹了解，應該一貫地以「符合國際標準的暴力示威」（包括製作「符合國際標準的汽油彈」──「喂！你哋啲汽油彈唔符合國際標準喎！」）去追求「符合國際標準的普選制度」，以展示他們對「國際標準」這個偉大理想的堅定信仰。總括而言，追求符合「國際標準」的普選制度，彷彿是

個冠冕堂皇、無可否定的偉大理想，拆穿了，在未能確定其意思之前，那只是個與世無涉、脫離現實的偉大「空」想罷了。

【勒龐早就指出：「民主、平等、自由等，它們的含義極為模糊，即使一大堆專著也不足以確定其所指。然而這區區幾個詞語卻有着神奇的威力，它們似乎是解決一切問題的靈丹妙藥。各種極不同的潛意識中的抱負及其實現的希望，全被它們集於一身。」[16] 而這正是人們將虛浮的學說當做普遍真理（如所謂的民主乃係「普世價值」）的真理幻覺了。面對這些如此重要的概念，我們應該如何理解與應用呢？李天命說：「『民主』這個概念並沒有很清晰的界定，……要了解民主，宜通過其傳統來了解。……（自由的界限不是）客觀上存在的東西，而是要定出一條界線。……立法者應考慮多方面的因素，例如當時社會的道德標準以及政治經濟上的後果等。……『平等』也是沒有一個固定不移的唯一標準的，應用這概念時須考慮實際的情況。所以我認為，我們抗議說『不平等』時，不要總是以為自己的抗議是天經地義，太過理直氣壯，而應考慮各方面的立場、處境。」[17] 可惜的是，很多人在使用這些概念時都割離了相關的詮釋基礎或者實際情況，除了因為他們都將這些漫無分際的虛浮學說等同於普遍真理之外；甚至有些人自覺或不自覺地將自己的標準看成是關於「民主」、「自由」、「平等」的「唯一」「客觀」的標準的「絕對真理」來追求。結果，到底怎樣算做（他們所謂的）「民主／不民主」、「自由／不

自由」、「平等／不平等」呢？天曉得。人們往往就是為了連意思都未清楚的「理想」而爭執衝突，甚至訴諸暴力。

譬如2021年「英國政府推出《警察、犯罪、量刑與法院法案》，賦予英格蘭及威爾斯警方有更大權力」[18]，「提出《警權法》的導火綫源自2018年起，一連串由關注氣候變化的環保分子所發起的『反抗滅絕』示威行動。示威者曾連續多日佔據倫敦市中心多條主要道路，令倫敦交通幾乎癱瘓。為阻嚇類似事件再次發生，英國政府決定修改法例以加強警方執法權力以及增加示威者破壞公眾秩序的刑罰」[19]，不過「數以千計示威者上街要求撤銷《警權法》。示威者舉起反對『警察國家』和支持示威權利的標語。示威及後演變成暴力，部分人攻擊警員、縱火燒警車、投擲煙花，至少兩名警員受傷骨折。」[20]當中部分示威者之所以訴諸暴力，往往由於自以為真理在手，已經掌握了「民主」、「自由」的唯一客觀的標準，因而獨斷地認為《警權法》加大警權就是侵犯「民主自由」（「示威者舉起反對『警察國家』和支持示威權利的標語」）、自己的暴力示威就是捍衛「民主自由」了。】

（2）真空普選

（ⅰ）籠統保險

至於「真普選」的問題，李天命指出，某些「安全保險」的理論，「其中的『奧妙』在於：這種言論利用籠籠統統（或

空空泛泛）的字眼，永遠不作清晰明確的斷述，結果總能避開別人提出的否證，……假設有工程學教授宣布說他的工程理論全部只是兩句格言：『所取的材料要合用，所用的圖則要適宜。』他並沒有標明怎樣才算是『材料合用圖則適宜』。」[21]這樣的「工程理論」就是「絕對保險」的了。當不同的工程師有所爭拗時，他們只會是就着某個特定的工程項目而爭論，認為有關工程可行的，當然會認為那個工程「所取的材料合用，並且所用的圖則適宜」的；而認為有關工程不可行的，自然就會認為那個工程「所取的材料不合用，或者所用的圖則不適宜」的了。換言之，後者並不是要反對那個「工程理論」，而是爭拗的雙方都事先「接受」上述的「工程理論」的了，因為它必然正確、根本不可能被推翻。

　　同樣地，那些暴力示威者所追求的「真普選」都有着相同的性質。什麼是「真普選」呢？他們認為「真普選」的定義就是：「人民的選舉權和被選舉權皆沒有受到不合理限制的普選。」其理由是「因為如果選舉權含有不合理的限制，則有關的選舉只是特權階級的選舉，而不是真正的普及選舉；另一方面，如果被選舉權含有不合理的限制，則選舉權的運用也就同樣受到不合理的限制，這種事先限定一些不合理的被選舉資格的選舉，縱使選舉權沒有不合理的限制，也只是將選民當成投票工具罷了，因此也不是真正的普及選舉。」[22]明顯地，這個示威者所追求的「真普選」，跟上述的「工程理論」有着相同的「奧妙」，就是同樣沒有標明怎樣才算是「不合理的限制」，

而只是不斷利用空泛籠統的「沒有不合理限制」這個字眼而令得自己「絕對保險」、令得自己為「**真**」罷了。因為根據「合用／不合用」、「適宜／不適宜」、「合理／不合理」等字眼的意思或用法，沒有正常人會追求一個「具有不合理限制的普選」的。換言之，這個「真普選」理論或者主張是必然正確、不可能被推翻的。然而這不就表示示威者所追求的「真普選」是個無可否定的偉大理想、「絕對真理」了嗎？可惜得很，這類理論「雖然這麼『安全保險』，但其代價是：這類言論不能提供任何確定的知識或具體的指引。」[23] 何以如此？

（ii）空廢無用

李天命指出：「『必須考察經驗事實才能判定其為真』的語句，叫做『經驗真句』。……『只須了解其意思就足以判定其為真』的句子，叫做『重言句』。……（經驗真句）在事實上是真的，但不是必然地真，……但有信息內容。所謂有信息內容，就是對經驗事物的狀況有所描述。反之，（重言句）雖有必然性，但卻沒有信息內容，即對經驗事物的狀況無所描述，……我們無法從『西湖的水裏有魚或沒有魚』去推斷西湖的水裏到底有沒有魚」。[24] 「當重言句充作事實陳述的時候，『缺乏信息內容』就成為嚴重的弊病了。……讓我們把這種冒充事實陳述的重言句名為『空廢命題』。……譬如勸人生病時不用看醫生，汽車衝過來也不須走避，因為『要發生的終究是要發生的』——這樣的論據顯然無效。可是人們在述說此等重

言句時，卻每每表現得好像對人生中的經驗事實有其重大發現的樣子，以致造成一種假象，令人以為那些句子表達了什麼深刻的道理。但其實當這些重言句冒充事實陳述被提出來的時侯，那不過是一些空話，即空廢命題罷了」。[25]「空廢命題並非建基於經驗事實上，經驗事實既不能用來支持這種命題，也不能用來推翻這種命題，所以無論事實世界的情況如何，空廢命題都不會受到否證。」[26]

由此可見，這個所謂的「真普選」理論只是種「只須了解其意思就足以判定其為真」的重言句，其正確性並非建基於經驗事實之上，而僅在於其中的「沒有不合理限制」這個關鍵語辭的意思罷了。假如某個普選理論P標明「參選人的年齡上限為70歲」，則這樣的限制才／就是對經驗事物的狀況有所描述的，即有信息內容；但是「真普選」所謂的「沒有不合理限制」（或「有合理限制」）的這個「限制」則對任何經驗事物的狀況都無所描述。當某個國家採用了普選理論P，則我們就可以從P去推斷那裏的當選人在參選時都不會超過70歲；但當某個國家「採用」了「真普選」，則我們根本無法從「沒有不合理限制」這個「條件」去推斷那裏的當選人的任何情況，因為它根本沒有任何信息內容。另一方面，若有一天，人類的平均壽命提升至200歲，則普選理論P就可能不適用，即P是有可能被推翻的；但是，無論現實世界的情況如何，都不可能推翻那個「沒有不合理限制」的「真普選」的。愚人就以為這個具有「永恆的保險性」的「真普選」是個「絕對真理」或「最高

原理」了。可惜的是，這個「真普選」之所以在任何情況下都不可能被推翻，只是由於它根本與世無涉，即對經驗事物的狀況一無所述，結果它就不能提供任何具體的指引了。然而，當人們以此等重言句去界定其所要追求的「真普選」時，彷彿是對人世間的經驗事物有其重大的發現，進而將之看成是必須追求的理想中的「普選方案」──「**我要真普選！**」，這無非只是將重言句那種「無論現實世界的情況如何，都無法推翻它」的「空洞性」，誤解為「有很豐富的內涵」罷了，愚人就以為這個所謂的「真普選」蘊含了什麼深刻的指引。

李天命說：「對經驗事物有所斷說的話語，可稱為『**實質斷語**』。」[27]不論是現世或是來世的幸福理想，總乎關乎人世間的問題所需要考慮的都是些實際的問題，而不是哲學上所要考慮的概念問題，因此，對經驗事物的狀況無所斷說、缺乏實質信息內容的「真普選」理論就是其致命的弊病。一般來說，說話的風險跟其信息內容是成正比的。意思是說，說話的內容越具體明確就越易被推翻，即所承受的風險就越高；說話的內容越空泛籠統就越難被推翻，即所承受的風險就越低。正如新冠病毒的檢測方法，醫生甲認為「要用拭子通過鼻子或咽喉取得下呼吸道的分泌物進行DNA測試」，而醫生乙卻認為「要在身體的適當部位 ── 即不要在不適當的部位，用合理的方法 ──即不要用不合理的方法，取得有用的 ── 即不要取得沒有用的樣本進行測試」。兩者相比，前者的檢測方法如被確認，將會是非常有用的檢測方法（當然亦較易被推翻）；然而後者

即使被確認——它當然會被確認（你如何推翻那方法？），也只是些毫無用處的滑頭話罷了。同理，繼上述「符合國際標準的汽油彈」之後，我們不妨再建議「真勇武示威者」製作「真汽油彈」去追求「真普選」——何謂「真汽油彈」呢？「真汽油彈」當然就是「採用合適的材料——即不會採用不合適的材料，並採用合理的方法——即不會採用不合理的方法將材料組合的『絕對保險』的『真』汽油彈」了。由此可見，當人們追求如此一個「絕對保險」的「真普選」時，其實只是將重言句冒充實質斷語來用，結果只是在追求一個空廢無用的方案。換句話說，這個彷彿偉大到不行的「真普選」方案，拆穿了，只是個空洞無物、無法落實應用的普選「謊」案而已。

小結：混淆虛實

　　總括而言，世上並無既有實質信息內容而又必然為真（即「實質而且必然」）的「絕對真理」，因為必然為真的說法都對經驗事物的狀況無所斷述，因此缺乏信息內容。凡是要令世人得到幸福的主張必須能落實應用，要能落實應用必須要有信息內容，即要對經驗事物作出具體明確的斷述。語害空想之為最嚴重的真理幻覺，其要害在於**混淆虛實**：將對經驗事物的狀況無所斷述、因而缺乏可否證性的**虛文**，跟具有信息內容、因而有可能被推翻的**實質斷語**混而不分。虛文無法被事實否證，以虛為實的「真理使者」卻因此以為找到了「絕對真理」，結果「到處都會發現能夠『證實』其信仰的例子，於是常常充

滿『作見證』的衝動甚至狂熱」[28]，這正是由於語害空想的真理幻覺所致。

【李天命的〈思考與心魔〉，從語害批判的思考方法講到真理使者那種「替天行道的救主心態」的狂熱心理，其文題即以「思考」與「心魔」並舉，拙見認為，在他心目中，建立確當的思維與批判狂熱的心理有着同等的份量。】

二、謬誤妄想

政宗狂熱者的真理幻覺，若不是語害使然，就是謬誤使然，即是由可被否證的「**思維方式上的錯誤**」[29]所導致的。

（1）矛盾統一

「欠缺起碼的邏輯思維能力，可以謂之『邏輯盲』」[30]，李天命這裏所指的邏輯盲，包括了抱持「邏輯矛盾和語用矛盾」之「自相衝突」的說法者。[31]「自相衝突的說法，就像用鬧鐘來叫醒自己吃安眠藥那樣滑稽。」[32]在一般情況下都不是邏輯盲的人，在狂熱暴亂時期卻會抱持很多自相衝突——邏輯矛盾或者語用矛盾等「**矛盾統一**」的「革命性」口號。此事不難理解，因為狂熱的真理使者代表真理，可以超越邏輯的「規範」。

（ⅰ）時代例析

下面以2019年香港暴亂時期所出現的實例以作說明。

例一：「和平示威無用！」&「和勇合作！」

批析： 既然和平示威無用，還合作來幹啥？只有極蠢的示威者才會一方面認為「和平示威無用」，但同時又認為「和勇合作」是「和平示威與勇武示威」兩者在互相配合、相輔相成的救世行動。

聯想： 其實單是「和勇合作」已夠莫名其妙的了，和平示威（「和平、理性、非暴力」）支持者不是應該（理該）反對暴力示威的嗎？然而據聞某些特別「先進」的和平示威支持者則強調「只是『自己』主張和平示威，卻不反對『他人』暴力示威」，這種想法似乎難以理解，實則很可理解。首先，他們這種「不反對『他人』暴力示威」的論調，既可以慫恿他人出手，即不需要自己出手、省卻很多氣力之餘，又多數不會因為被警方追捕而受傷，而更重要的是不會被判入獄，卻能同時獲取暴力示威的成果（因為他們正在支持「他人」暴力示威），這就能令「自己」的示威成本效益最大化；而最最重要的是，他們這種強調「『自己』主張和平示威」的立場，就已經先讓自己佔據了道德高地，同時令得無論暴力示威如何過火，都不會被人詬病到自己身上，可以對不文明的暴力行為置身事外，即永遠立於不敗之地。換言之，這樣子「和勇合作」——支持

「他人」暴力示威──絕對是最最「精明」的示威策略矣。

例二：「兄弟爬山各自努力！」&「兄弟爬山齊上齊落！」

批析：「各自努力」即可「各自上落」，但「齊上齊落」就是要排斥「各自上落」這種做法。只有極蠢的示威者才會認為既要「齊上齊落」但又可以「各自上落」的。不過，當他們的某個「兄弟」被警察槍擊時，他們的理性就能正常運作，既會知道兩者只能任擇其一，同時亦知道應該跟隨那位兄弟「齊上齊落齊中槍」，還是撇下那位兄弟「各自努力各自溜」的了。

聯想：以上兩種做法當然不能同時進行，只能任擇其一，而人所共見的現實恐怕是，兄弟打人就「齊上齊落」，但當他們的某些「兄弟」被捕入獄（有些更是坦然承認暴動罪）、失去自由兼前途盡毀時，其他「兄弟」卻不是「齊上齊落」地一同入獄、有難同當，而是「各自努力」地逍遙法外了。

例三：「獨立調查警隊！」&「解散警隊！」

批析：之所以要調查，就是因為不能未審先判、不能預先判定警隊的行動違反律法，尤其是要讓警方有自辯的機會，正如殺人犯都有自辯的權利、都有為自己爭取最大利益的權利一樣；然而所謂「解散警隊」的訴求如非未審先判還有什麼可能性？（這跟古時的官員在審訊期間就說「將『犯人』帶上」

27

有什麼分別？）一方面高呼「調查警隊」，另一方面又高呼「解散警隊」，「又要調查又唔使查」，這不是自相矛盾、精神分裂是什麼？

聯想：當中的精神分裂應是這樣發作的：示威者一方面要清高地講法治，所以要「調查」，不能未審先判，還要確保調查的獨立性，要不偏不倚；另一方面，示威者根本已經獨裁地判定警隊的行動嚴重違法，還不「解散」，更待何時？

例四：「沒有暴徒！」&「核爆都唔割蓆！」

批析：若果真心認為「勇武」示威者並非濫用暴力的暴徒（「沒有暴徒！」），而是革命義士的話，就應該理直氣壯地直言「支持」，而不是退縮虛弱地強調「唔割蓆」才對的。而所謂「核爆都唔割蓆」的說法是一個轉折，意思是「即使勇武示威者的做法不當之極，但係我都唔割蓆」，而不會是「因為勇武示威者的做法正當之極，所以我都唔割蓆」這麼荒謬的。換言之，「唔割蓆」之說當然是針對「勇武」示威者的不當行為而非正當行為而說的。進一步言，如果「勇武」示威者在機場禁錮恐嚇他人、多次圍毆手無寸鐵的平民、甚至放火燒人令其嚴重燒傷等等暴行都不是濫用暴力、不是暴徒的話，那麼怎樣才算？明顯地，正是由於那些支持者都無法再為上述的暴行作出反駁甚至辯護，就唯有避重就輕、退縮虛弱地強調「唔割蓆」罷了，否則何不理直氣壯地呼之為「義勇武力」？質言之，

一方面在整個示威過程中高呼「沒有暴徒」，另一方面卻在上述情境之下高呼「核爆都唔割蓆」，無非自欺欺人、自打嘴巴罷了。（若果建制陣營一方面一直高呼「沒有黑警」，另一方面卻在警察濫用武力時就高呼「核爆都唔割蓆」，試想像反對派那邊又會有何反應？）

聯想：說穿了，是暴徒還是義士，那些支持者心裏最清楚──當無人質疑其暴力超出底線時就說：「勇武示威者不是暴徒」；當被人質疑其暴力超出底線時就退縮地說：「我無話過支持呀！我只係話唔割蓆咋！」

例五：「核爆都唔割蓆！」&「臥底警察做嘅！」

批析：如上所述，如果這次示威真的「沒有暴徒」，甚至全部暴力示威者都是義士的話，那麼臥底警察假扮暴力示威者行事（如塗鴉、破壞之類）都應該得到支持才對的（一同破壞社會，向政府施壓嘛）。那麼強調「（某些破壞其實係）臥底警察做嘅！」究竟有何作為呢？說穿了，這正顯示出那些自欺欺人的支持者都清楚知道暴力示威者的所作所為是不正當的了。正因為這樣，警方才派臥底滲入示威者當中，做出那些跟暴力示威者相同的事情，就是要抹黑示威者，令社會唾棄他們，而不是要令社會繼續支持他們。而那些自以為很聰明的支持者就以為，為了揭穿警方這個陰謀，於是一旦知道哪些破壞是臥底警察做的就要立刻澄清（「臥底警察做嘅！」）──將

暴力示威者跟臥底警察劃清界線，以挽回社會對暴力示威者的支持，其實即是要安慰自己那顆孱弱的心靈：「嘩！暴力示威者其實並非所見那麼『黑』、那麼激烈的」，而這樣就表示他們其實並非「『核爆』都唔割蓆」（即並非「幾黑、幾激都唔割蓆」）了。換言之，一方面強調有些破壞是臥底警察做的，即是強調有些破壞「不是」暴力示威者做的，另一方面又要強調即使暴力示威者「『核爆』都唔割蓆」，就好像一位女士一方面敲鑼打鼓地強調「絕對信任其男朋友」，另一方面卻不斷檢查其手機通訊紀錄一樣滑稽。

　　聯想：如何衡量哪些事情是「臥底警察做的」呢？沒一定，按各人需要而定，各人的底線不同，接受範圍都不同，總之你覺得哪些破壞、暴力超出底線不能接受就「可以」將之訴諸「臥底警察做的」了——不過仍然都係「核爆都唔割蓆！」

總覽批析：「光復香港，時代革命！」

　　經過以上的分析可見，示威者所謂「光復香港，時代革命！」的偉大事業就是在這種「又話係咁、又話唔係咁」——又話「和平示威無用」，所以要「勇武」示威，但係又要「和勇合作」；又話要「齊上齊落」，不過又可以「各自努力」……總之就要「勇武」抗爭，到處破壞，癱瘓社會，增加政府管治成本，以脅迫政府回應「五大訴求，缺一不可！」總之，示威者裏面「沒有暴徒」，全部都是革命義士，不過又唔夠膽話「支

持」喎，只係夠膽話「唔割蓆」咁啫；咁都算喇，又要豪言狀語咁話「『核爆』都唔割蓆」，意謂即使「勇武」示威者有幾失當甚至失控、搞到社會幾混亂都會撐落去，要同政府搏到盡。不過政府都未驚到就範，就慌忙縮沙，不時強調有些破壞係「臥底警察做嘅！」企圖挽回社會對暴力示威者的支持，但這不就等於同時告訴政府：「社會如今混亂如斯，搞到你管治咁困難，唔係全部都係示威者做㗎，唔係示威者搏到咁盡㗎」？咁政府點解仲要回應「示威者」嘅訴求呢？即是說，示威者又話要「晒冷」脅迫政府脅迫到盡，但又要「縮沙」唔敢脅迫政府脅迫到盡——如此這般翻來覆去不斷自摑的情況下發生的。而這就是「光復香港，時代革命！」這個偉大事業的真面目了。

（ ii ）革命辯證

　　為何如此明顯的矛盾口號都有那麼多人信？當然是因為缺乏理性。缺乏獨立思考的狂熱示威者是沒有能力先了解清楚那些口號究竟說了些什麼，因此根本不會察覺到原來不同的口號是不能並存的，只要是由他們的「同路人」提出來的就是真理；既然全是真理，自能並存。另一方面，即使察覺到有矛盾也不會放棄任何一句，因為放棄自己的革命口號就等於認錯認輸，然而真理使者怎可能有錯？真理使者怎可能會輸？

　　抱持以上思路的真理使者還只是些比較被動的真理使者，處於主動位置的「進攻型」真理使者卻是故意顛倒是非、

故意自打嘴巴的。他們經常批評其對手「搬龍門」，其實他們自己也經常「搬龍門」。譬如當民意對他們有利時，他們就說「要順從民意」；但當民意對他們不利時，他們就說「要靠自己的政治判斷」。又譬如當對手的講法有矛盾時就嚴詞批評，指摘那是嚴重的思維錯誤、「想洗人民的腦」；但當自己的講法有矛盾而被批評時就辯稱：「依家玩緊政治呀！你估上緊邏輯堂呀？」

　　好一句「玩緊政治」，意思就是，當人們在進行政治鬥爭（包括宗教vs宗教、宗教vs政權、宗教vs自己的內部鬥爭等一切形式的政治鬥爭）時，就可以不理邏輯、顛倒是非的了。對於狂熱於鬥爭的真理使者而言，他們的矛盾思想絕非自打嘴巴、自廢自毀，而是超越邏輯的矛盾統一。這是將一切的可能性都掌握在自己手中的、至高無上、無所不包的「絕對真理」或「最高原則」。而這就是李天命所批析過的「革命辯證」的最高原則：「今天要鬥爭誰的時候，就宣稱有『矛盾對立』（筆者按：譬如要鬥爭和平示威者時就說：『和平無用』？）。明天要拉攏誰的時候，就說要『矛盾統一』（筆者按：譬如要拉攏和平示威者時就說：『和勇合作』？）。兩者之間的關係乃是『革命的辯證關係』，……『對抗性矛盾與非對抗性矛盾在一定的條件下能夠互相轉化』。但所謂『一定的條件』是什麼條件？從來沒有明確的申述，完全視乎『形勢的需要』而定，這就是『革命辯證』。……一切都要根據一定（不定）的條件，這是原則。永遠不確定那是些什麼條件，這叫靈活。……任何

時候都要靈活（筆者按：譬如任何時候都要『Be Water』？），任何時候都要講原則（筆者按：譬如任何時候都要『五大訴求，缺一不可』？）。兩者『辯證地』結合起來之後，就等於要靈活地講原則，即要講就講，要不講就不講。總之，**革命辯證的根本精神在於：以辯證的言辭花槍去掩飾革命的實彈真槍，同時又以革命的實彈真槍去支撐辯證的言辭花槍**。這就是革命辯證的最高原則，也就是沒有原則的原則，亦即以不講原則為唯一的原則。」[33]

在正常人眼中，這種「以不講原則為唯一的原則」，實在是最野蠻粗暴、最非理性的「原則」。但對於要將「腐敗的世界」推倒重來的真理使者來說，「推翻一切原則的原則」——包括推翻一切邏輯的邏輯——才／實是理性的「最高原則」、「絕對真理」；此之謂真理的幻覺。「這麼一來，人世間還有沒有客觀是非可言呢？沒有。有的只是權術、陰謀、勢利、成王敗寇，……這種思想虛妄可說是自有人類以來最危險最可怕的一種思想虛妄。在此虛妄之中，一切都顛倒了。……強權便是真理，壓制稱為自由，特權叫做平等，獨裁即是民主」。[34]除了以上的顛倒扭曲之外，還有：殘忍就是良知，迫害叫做救贖，地獄即是天堂……總而言之——為達目的不擇手段、即使犧牲「他人」性命也在所不惜——就是一切狂熱革命救世者所共有的「最高原則」、「絕對真理」了。然而革命辯證「只會助長野心家的詭辯，玉成其古惑群眾、控制思想的大夢，而不是什麼高深的哲理。」[35]李天命總結地說。

【以上所批的矛盾實例都是些「時代革命」性的產物，較有恆久普遍性的矛盾思想卻有以下這款：一方面認定世上有邪惡苦難（如「黑警濫暴」），另一方面卻堅信上帝是全能全善的。理性的人知道以上兩者不能並存，然而某些教徒卻認為，既要能肯定上帝是全能全善的，亦要能透察世上有邪惡苦難，這種能夠將矛盾統一的思維才是最為理性、最為正確——最符合上帝的旨意的。不難想像香港19暴亂的支持者之中就有着這種教徒，然而當這些教徒遇上另一些不相信「上帝是全能全善的」的非教徒暴亂支持者時，不知道這時他們兩者之間的矛盾是為「矛盾統一」呢？還是「矛盾對立」呢？這些教徒對於「全能全善的上帝」的信仰也是個可以靈活地運用的原則嗎？】

（2）虛妄預設

以上分析過混淆虛實和矛盾統一的真理幻覺，兩者皆缺乏信息內容。以虛為實的語害對現實世界一無所述，因此是缺乏信息內容的；自相矛盾的說法必然為假，因為它排除了任何可能的情況，因此也是缺乏信息內容的。以下探討具有信息內容的實質理論卻被虛妄地預設為必然為真的真理幻覺。

李天命指出：「一個陳述若須通過經驗觀察或科學實驗或問卷調查等程序來分辨其真假，這樣的陳述就叫做『事實陳述』。……對經驗事物有所斷說的話語，可稱為**『實質斷語』**。事實陳述就是一種實質斷語」[36]，「事實陳述也叫做『綜合命

題』。」[37]綜合語句有實質內容，因為它們「容納了某些情況同時又排斥了其他某些情況，所以它就能夠對事實世界作出特定的陳述」。[38]而「一個綜合語句，如果它是真的，則它只是事實上真，而不是必然地真；如果它是假的，則它只是事實上假，而不是必然地假」[39]，因為「（綜合語句）如果在原則上有可能被經驗證據（正面證據）支持，那麼（綜合語句）在原則上也有可能被經驗證據（反面證據）否駁。」[40]

換句話說，凡是具有信息內容的實質理論，雖不會必然為假，但更更重要的是——它也不會必然為真。這個道理本不難明白，但卻是很多人的思想盲點，波普爾即指出：「我們都有一種不科學的弱點，即自認為一貫正確；而這一弱點在職業的和業餘的政治家中似乎特別普遍。」[41]這種自以為一貫正確的弱點、將具有信息內容的實質理論虛妄地預設為必然為真的「絕對真理」的真理幻覺，在政宗狂熱者之中就更是極為普遍了。總之，虛妄預設的狂熱思維跟科學精神是背道而馳的。

（ⅰ）違反科學

波普爾指出：「一切科學都使用同一種方法，不論是自然科學還是社會科學，……這有時候被稱為假說——演繹法，或被簡稱為假說方法，因為它對於它所檢驗的任何科學陳述都沒有得出絕對的確定性；倒不如說，科學陳述總是保留着嘗試性假說的特徵」[42]，「一切理論都是試驗，都是試探性的假

說」。[43]因此「科學的實驗研究方法……都可以描述為試驗與錯誤（trial and error）的方法（試錯法）。……當（且僅當）我們準備**從錯誤中學習**，我們才／就會取得進步；……不僅實驗是必要的，而且錯誤也是必要的。必須學會不僅是預料到有錯誤，而且還要自覺地去尋求錯誤」。[44]總之，對於任何實質理論，「要批判地利用它們而不是教條式地堅持它們。」[45]

波普爾進一步說明：「『你是怎樣**發現**你的理論的？』與『你是怎樣**檢驗**你的理論的？』這個問題相反；但只有後者才與科學有關」。[46]「一切檢驗都可以解釋為是淘汰錯誤理論的努力——亦即要發現理論的弱點，以便否定它，如果它被檢驗所證偽了的話。……我們必須竭力去發現它們的錯誤，我們必須竭力去證偽它們。……因為如果我們不採取批判態度的話，我們就總會發現我們所需要的東西：我們會尋求並且找到正面證據，同時迴避那些威脅到我們的理論的反面證據」。[47]總之，「科學檢驗的真正企圖乃是對理論進行證偽（而非證實）」。[48]即是說，「理論必須服從經驗檢驗」[49]，即「必須服從以淘汰方式進行選擇」。[50]而淘汰是不會停止的，因為具有信息內容的實質理論永遠是假說性的而不是終極性的。換句話說，「科學方法的全部奧祕是一種願意從錯誤中學習的態度」[51]，科學精神就是（自我）批判的精神。

從思方學的角度可以這樣理解，李天命指出：「全部科學的系統知識乃至所有關於世界的概括知識，都植根於歸納法」[52]（「科學法度有兩個要件：枚舉歸納法和假設演繹法；

前者乃始基，後者為主幹」[53]）。「歸納論證的正確性名之為『蓋確』」。[54]「當（且僅當）（有關的歸納論證）沒有犯以偏概全的謬誤，（它）就（才）是蓋確的」[55]，「在進行概推——即推論『所有／大部分／……n%如何如何』——的時候，如果所依的前提（ⅰ）**取樣不足**，或（ⅱ）**有結構偏差**，或（ⅲ）**有已知失漏**，那就犯了以偏概全的謬誤」。[56]何謂「已知失漏」呢？即「有已知不利於結論的資料被略去（比如隱瞞反例）」[57]，在此情況下進行歸納論證，即屬以偏概全。

由此可見，有科學精神的人不會預先斷定自己的實質理論一貫正確、必然正確；為了令自己的歸納論證蓋確，是會儘可能避免以偏概全——尤其是儘可能尋找反面證據，還有隨時準備被將來的反例推翻，以修正自己的理論，因為正面證據即使再多再闊也不足以蓋過反面證據的否駁。科學之所以不斷進步，正是由於這種正視反例、勇於證偽的（自我）批判精神，使我們逐步接近真理。

「科學家常表示自己的理論有待修改，且有可能被推翻，但你可曾見過堅持『絕對真理』的人表示他的『絕對真理』有待修改且有可能被推翻的嗎？」[58]李天命說。正是由於政宗狂熱者自以為代表真理，即是認為自己那些具有實質內容的幸福理論是為「絕對真理」、必然正確，自然就再沒有任何可以修改的餘地了。然而如上所述，「民主」、「自由」、「平等」並無唯一客觀的標準；同樣地，很多環保分子所追求的「自然」其實也是意義不明、漫無分際的。不過當政宗狂熱者認為

自己已經掌握了「民主的真諦」、「自然的法則」，甚至「上帝的旨意」（以上各項並不互相排斥，甚至可以具有遞進關係，見下一節的實例）的時候，就會認定自己一切相關的具體見解都是其不偏不倚的、唯一客觀的解釋，即不只具有實質內容而且又是必然正確的了。然而斷定自己的幸福理論必然正確，就等於同時斷定自己的幸福理論正好處於能夠平衡一切人種、甚至一切物種的利益的最適點，即符合所有相關者的意願。但問題是，這樣的論斷既然對於現實世界有所斷說，自無必然性，然而他們是如何檢驗自己的理論的呢？有沒有略去反例而造成以偏概全的假象？

對於這個問題，政宗狂熱者是不會理會的，「他們採取『先下結論』的態度，其極端就是『不管碰到什麼駁斥，總之我所信的就是絕對真理』的封閉心態。會獨立思考的人會先衡量理據然後才下結論。」[59] 李天命續說。科學的精神本應是訴諸理據的檢驗，尤其是正視反例、勇於證偽的精神。要確立對現實世界有所斷述的實質理論，只舉出正面證據而略去反面證據的以偏概全已經違反科學，但更為嚴重的卻是這種不理任何證據就「**先下結論**」的**不當預設**，李天命指出：「需要給予理據支持而不能視為當然的假設，卻被視為當然而充作無需再予理據支持的預設，所犯的是不當預設的謬誤。」[60] 明顯地，相比起以偏概全，這種更為違反科學的不當預設，才更足以揭破思想極端的政宗狂熱者那種「不管碰到什麼反例駁斥，總之就是教條式地堅持自己所信的就是絕對真理」的封閉心態。那是

因為他們由一開始就預先設定自己的理論假說是理所當然的，既然自己的想法必然正確，自然毋須給予任何正面證據的支持，更加不會被任何反面證據所否駁——因為一切的反例在他們眼中都不是「**真正的**」反例了。換言之，透過這種「先下結論」的不當預設就能將自己那些有可能被推翻的實質理論「進化」成必然正確的「絕對真理」；這無非虛妄預設的真理幻覺。而抱持這種不理會任何正面或反面證據的不當預設，自然也會抱持略去反面證據的以偏概全，總之就是拒絕被任何反面證據所動搖。

分析至此，我們終於了解到，政宗狂熱者掌握真理（即「絕對真理」）的方法就是「**獨斷方法**」——靠吹，而不是假說方法，因為他們的幸福理論已不是試探性的而是「絕對掂當」的。他們不需要試錯法、不需要從錯誤中學習，因為他們的幸福理論是不會有錯的（換言之他們已經不可能再有進步的了）。既然自己的幸福理論必然正確，自然不會以偏概全，甚至不需要任何檢驗。如何令得自己的實質理論「不會」以偏概全、甚至「必然正確」呢？——他們直接無視、故意隱瞞，甚至扭曲反例，譬如為了保證「凡人皆支持民主／嚮往自然／信仰上帝」這種需要透過經驗調查以分辨真假的實質理論的正確性，就硬將所有的反例扭曲為「**並非真正的人**」，這就能令自己的實質理論「必然正確」了；至於運用激進手段壓制甚至消滅反例就更加得到最實際的「保證」了。

在此等虛妄預設的封閉思路之中，他們只歡迎支持的聲

音，並竭力宣傳正面證據，到處作「見證」；他們不歡迎批評的聲音，並竭力拒絕甚至壓制反面證據，只懂得「圍爐」。他們只會竭力證偽敵方的幸福理論，因為它必定虛假——至少必定有所遺留，尤其是遺留了他們的意願，即不能帶給所有人幸福；同時教條式地堅持自己的「絕對真理」，因為自己的幸福理論必定正確——毫無遺留，能滿足所有人的意願，即能帶給所有人——包括後來者「真正的」幸福。當你指出他們的敵方的幸福理論也有正面證據時，他們就會認為那些例證只是被敵方理論洗了腦的虛假例證，即那些自稱幸福的人其實並非得到「真正的」幸福；同時認定你是敵方的支持者，甚至是敵方的奴隸、魔鬼的同黨。當你指出他們的幸福理論也有反面證據時，他們就認為那些例證其實已經得到「真正的」幸福的了，只是那些人「身在福中不知福」、未夠水平去了解他們的幸福理論的「真諦」罷了，所以不算是反面的證據。因此，對他們的任何支持都是正確的、是「覺醒」的表現、是受到「良知」甚至「靈性」的感召；對他們的任何批評都是錯誤的、是「腦殘」的行徑、是對「絕對真理」的邪惡褻瀆。一切檢驗其「絕對真理」的企圖都只是不斷的證實而不可能證偽，那怕只有丁點的正面證據；而且一切的反面證據都是幻象，必須竭力淡化甚至遏止，以免污染世界、荼毒人間。最狂熱的政宗狂熱者甚至認為壓根兒根本不必舉證，因為他們認為只要「有腦」、單靠純粹思考就可知道其實質理論正確——因為那是必然正確的。他們稱以上這種「敵方必錯、自己必對」的思路為「真正的獨立思考、批判精神」。

在他們眼中，理論的淘汰已經徹底完成——一切敵方的幸福理論都是「異端邪說」，且已經被他們的「絕對真理」所淘汰；同時，愚昧落後的異議者更需要被「上帝的代言人」或「正義的執行者」——即義士的「義勇武力」而不是「恐怖暴力」給予「正義的批判」以及「實際的淘汰」。換言之，他們已經掌握了人類幸福的祕密——人類幸福的終極答案。

總括而言，凡是要令世人得到幸福的理論假說，必須是要對現實世界的狀況作出特定的斷述的實質斷語，即必須「容納某些情況同時又排斥其他某些情況」，因此不會必然正確，而需經過無止境的反復檢驗。正如疫苗的有效性，會因為接種人數的不斷增加，即檢驗數據的不斷增加而不斷修正。然而政宗狂熱者以上種種荒謬的想法，無非都是以違反科學的方法，即違反理性的方法，將檢驗同定論完全倒轉來進行的。他們自以為自己的幸福理論一貫正確、必然正確，無非是以主觀定論代替客觀檢驗，即是由一開始就虛妄地預先設定自己的幸福理論是不會被證偽的人類幸福的終極答案；這無非虛妄預設的真理幻覺。

【關於現世幸福的實質理論還會有現世的經驗以予證偽，但關於來世幸福的實質理論則根本沒有現世的經驗以予證偽，後者的虛妄預設比前者的更為虛妄。】

（ⅱ）思想改造

　　預設自己的實質幸福理論是為人類幸福的終極答案，等於同時預設理想社會的終極形態。可惜的是，這些理想社會的終極形態儘管披着天堂或烏托邦的外衣，其本質卻是一個操控思想的封閉地獄。以下逐步說明。

　　首先，波普爾指出：「烏托邦主義試圖實現一種理想的社會，它使用一個總體規模的社會藍圖」[61]，「在人世間達到終極的幸福與終極的善」。[62]烏托邦主義預設了「存在着一勞永逸地決定這種理想是什麼的理性方法」[63]，可惜這種預設「肯定是不正確的；並不存在決定最終目標的理性方法」。[64]烏托邦主義「建議從整體上重建社會，即名副其實的掃蕩性的變革，其實際後果由於我們有限的經驗而很難加以計算」[65]，「根本無人能夠在總體的規模上評價某項社會工程的藍圖；評判它是否可行：它是否會帶來真正的改善；它可能引起何種苦難；以及什麼是保證其實現的手段」[66]。而更重要的是，「我們並不擁有（建設烏托邦）所必需的確鑿可靠的知識。我們不可能擁有這樣的知識」（見下面進一步的分析）。[67]不過，烏托邦主義者總是「試圖證明他們總是正確的。」[68]

　　以下試看這位烏托邦主義者、環保人士周X祥的思想心路：「1984年我回港定居，整個社會仍然大致上完全沒有綠色醒覺，好像沒有多少人明白到環境保育已經成為急不容緩的事情，大禍臨頭。……深深感到國家興亡匹夫有責，上天安排我覺醒了，就有責任去喚醒自己的同胞，……推廣綠色文明，『綠

化』人心,將社會撥亂反正,回歸到符合自然正道。」[69]他認為:「民主、自由、平等,只是人本主義的理想,是從人的角度來考慮的,並沒有考慮到其他生物。綠色運動重新界定人與其他生物的關係,從一個更宏觀的角度來看」[70]。譬如「砍伐樹木時不應只顧人的享受,而應該顧及樹上的生物」[71];「綠色運動旨在『改變人的宇宙觀,例如不再以『人本』的心態看世事萬物、承認大自然神聖不可侵犯等』。」[72]

當被問及若果有人不想被蚊咬、想消滅蚊蟲,但站在蚊子的立場看卻非如此,兩者之間的矛盾怎樣調和?他就說:「蚊子多只是因為我們搞壞了生態環境。如果牛羊多了,蚊子的注意力就不會集中在他身上」[73],「蚊子增多是整個社會的錯,因為我們建造了太多房子,殺絕了太多抑制蚊子的昆蟲。」[74]為了減少人類被蚊咬,就要抑制蚊子滋生,還要孕育多些牛羊被蚊咬,這就叫做「顧及了蚊蟲、牛羊的感受」了嗎?這算是什麼「更宏觀的角度來看」、「不再以『人本』的心態看」?還是都只是從人類──甚至只是從他自己的角度來看?不過,他卻認為自己的看法就是能平衡各方利益的「宏觀角度」了。

周X祥認為:「地球的破壞、人間的苦難,說到底,是人心出了問題,乖離自然之道。最近二三百年,西方文明企圖用逆天背理的方式創造人間樂園,以為科技化、工業化、資本主義化的文明可以帶來進步、和平、世界大同,結果適得其反:人失去了內在的精神世界,切斷了自己與上天、與大自然、與內心的連繫,(筆者按:你如何檢驗你的實質理論?有沒有以

偏概全、不當預設？）……同時將人間變成灰色地獄。……綠色運動以恢復自然的秩序為目標，……促使人類靈性復興，矯正世界觀人生觀；……促使人類再次按照『天道』生活。……大眾普遍誤解，以為要過綠色生活，就不可能過舒適方便的生活；事實倒是真正『舒適』的生活必然是（筆者按：『必然是』？）綠色的，因為人性本來就是符合自然規律，嚮往淡泊、簡樸、純真、清麗、親近大自然。（筆者按：你如何檢驗你的實質理論？有沒有以偏概全、不當預設？）現代人往往追求物質刺激來滿足肉慾或心理需求，例如以巨型電視屏幕、高科技座椅、跑車、『智慧』房屋當作『舒適』，這是變態而非常態。（筆者按：你如何檢驗你的實質理論？有沒有以偏概全、不當預設？）……綠色運動致力將文明納回正軌停止高速奔向集體毀滅退出違反自然的安排，運用最新的智慧與技術來打造生生不息、眾生可以共享的未來。」[75]

為什麼「追求物質刺激來滿足肉慾或心理需求」就是「變態」、就是「違反自然」？難道人類的「肉慾或心理需求」不是「自然」所賦予的嗎？不難發現，很多環保人士說來說去都說不清楚他們所謂的「符合自然」與「違反自然」之間的界線在哪裏。說穿了，無非就是他們所認同的思想言行就是「符合自然」、甚至「符合天道」，他們所反對的思想言行就是「違反自然」、甚至「逆天背理」了。換言之，很多政宗狂熱者都認為自己的幸福理論就是關於「民主」、「自由」、「平等」、「自然」，乃至「天道神意」的唯一客觀的解釋，因為他們認為自己的思

想都是由上述那些「完美無瑕」的「最高原理」（即「民主」、「自由」、「平等」、「自然」，乃至「天道神意」）所「演繹」出來的，自然是無須檢驗、不會以偏概全、「實質而且必然」的「絕對真理」了。

然而，當一個人認為自己的幸福理論乃是絕對客觀的，能平衡一切人種、甚至一切物種的利益，即是掌握了能夠實現**「生生不息、眾生可以共享的未來」**的理想社會終極藍圖就非常危險，因為這種烏托邦主義往往都預設了一種叫做歷史決定論的思想，波普爾即指出：「烏托邦主義極為危險，因為它可以成為一種徹頭徹尾的歷史決定論——意味着我們不能夠改變歷史進程的極端思想」[76]，即「主張存在歷史發展的法則。掌握這些法則，就能預測人類未來的發展」[77]，「沒有想像得到的經驗能夠駁到這個法則。它提供關乎人類歷史終極結局的確定性。」[78]那是因為「實質而且必然」的「絕對真理」，意味着其反面的情況必不可能。

譬如周X祥就說：「說到底，我們面前有兩個選擇：第一條路是什麼也不管，繼續濫用近來得到那些越來越屬害的力量，衝向集體毀滅的結局。第二條路是坐言起行，開展轉化的過程：……倘若上述『心靈之再綠化』果然發生，世人必會大徹大悟，痛改前非，完全轉換人生觀，世界觀，生活方式，政治社會經濟文化架構……一個全新的，合乎自然之道的綠色文明將會誕生。」[79]

（這種「跟我就掂、唔跟就死」的二分思路，跟某些港

45

獨分子所謂的「香港獨立，唯一出路」的思想同出一徹，意即實行其他政制都是死路，只有「香港獨立」才是「唯一出路」，這無非都是虛妄地預設了自己乃是「實質而且必然」的「絕對真理」，亦同時預設了烏托邦主義與歷史決定論的思想罷了。）

當人們認為自己可以絕對準確地預測人類歷史的終極結局，就往往不能接受其他反面的可能性，只要是違反他們的想法就是「錯誤」的。譬如被問及「如果有一天科技發明能把蚊子完全消滅而又肯定不會破壞生態的話，這情況你認為能否接受呢？」[80]周X祥就說：「如果你把世上最後一隻蚊子殺死，就一定會產生很壞的後果。這是必然的。」[81]李天命即指出：「（人類）無法對將來作出絕對準確的預測。……沒有人能對將來作出『必然』的預測的，將來會怎麼樣，往往繫於人類到時擁有什麼知識。但如波普爾所言，我們是無法預測將來人類會擁有什麼知識的，因為如果能夠預測的話，所預測的知識就不再是將來的知識而是變成了現有的知識了。」[82]

人類社會的歷史進程很大程度繫於人類當時所掌握的知識與科技，例如電燈、飛機、手提電話、互聯網、大數據、演算法、人工智能等等新知識新科技都大大影響着當時的歷史進程（據說一家叫做劍橋分析公司聲稱2016年的英國脫離歐盟公投和特朗普當選美國總統都是它透過大數據和演算法等技術所推動造就的）。[83]然而我們卻無法絕對準確地預測人類未來會有什麼知識，因此就無法絕對準確地預測未來社會的歷史進程，亦即無法絕對準確地掌握理想社會的終極藍圖了。換

句話說，將來如何，總是會有意想不到、始料不及，即**unexpected**的情況發生的。因為返本溯源，世上是沒有「實質而且必然」的「絕對真理」的。

總括而言，烏托邦主義與歷史決定論這類思想都是違反理性的，因此波普爾就認為其危險性就在於：「**在不存在理性方法的情況下，往往導致運用強權而不是運用理性，甚至導致暴力。**」[84] 當政宗狂熱者預設其幸福理論必定可以帶給世人幸福時，這樣，反對聲音當然會被壓制，但同時連支持聲音都會變得無關痛癢，因為他們是先驗地預設自己的理論成立，而不是經過後驗的程序如調查等方式去了解那些支持者的真正想法。這樣就不能確定有關的幸福方案在個別的人身上分別反響了什麼事實，沒有這些事實，就令科學的檢驗變得不可能。波普爾即指出：「**他們既然不能確定那麼多的個人的心靈裏都是些什麼，於是就不得不以消除個人差異的辦法來簡化這個問題；他們就不得不以宣傳和灌輸來控制和鑄造人們的興趣和信仰。但是，對於心靈採用強制的這種企圖，勢必摧毀能發現人民真正是在思想什麼的最後可能性。**」[85]

進一步言，當政宗狂熱者預設其幸福方案為終極答案時，其實就同時先驗地否定了一切不確定的因素——包括「人的因素」。這樣，「**就必定迫使空想主義者——不管他們是否願意——力圖用系統化的手段去控制人的因素，……不僅包括有按計劃的社會改造，而且也包括有人的改造**」。[86] 結果，預設自己成功的幸福方案就同時蘊涵着宣告失敗，「**因為它以我**

們去『塑造』男男女女以適合它的新社會這一要求，代替了它之要求我們去建立一個適合男男女女生活於其中的新社會。顯然，這就取消了檢驗新社會的成功或失敗的任何可能性了。」[87]波普爾總結地說。分析到最底，這種操控人民思想的封閉地獄，往往都是虛妄預設的真理幻覺所導致的。

綜上所論，無論有關的幸福方案背負着何等冠冕堂皇的理由，如「**神愛世人**」、「**回歸自然**」、「**人人平等**」、「**自由民主**」等，當我們先驗地預設其為絕對方案時，其底子無非獨裁霸權，最終只會與所要追求的幸福相違。正如李天命說：「這類教育家的工作旨在改造（別人的）人生觀和世界觀。他們不但要為別人謀幸福，甚至還要替別人界定怎樣才叫做幸福。」[88]這種獨攬一切「幸福」，以致迫使他人達至其「**真正的幸福**」的虛妄預設的真理幻覺，就是這類教育家即政宗狂熱者之所以狂熱的最深底因了。

【不少政治狂熱分子認為因為自己的目標是宏大的救國理想，所以即使示威手段激烈過火、傷及無辜也是情有可原、毋須負責的。依照這種思路，那麼環保狂熱分子、宗教狂熱分子即使示威手段更更激烈過火也就更更毋須負責了。因為政治理想最多只適用於人類，但環保理想和宗教理想卻適用於所有物種以至整個地球、甚至整個宇宙。相比起環保理想和宗教理想，政治理想就顯得渺小得多了，於是環保狂熱分子和宗教狂熱分子為了達到拯救地球、甚至拯救宇宙的終極目標，即使如

何殘害異己也毋須負責？總而言之，目標再偉大都不能用來證
立手段的正當性。】

小結：諉錯於人

　　有別於語害之為缺乏可否證性的言辭迷陣，謬誤卻明明
是可被否證的錯誤思維方式，而且眾所周知，最虛妄的思維方
式就是自相矛盾和不當預設，不過狂熱者永不知錯永不認錯，
永不會認為自己犯過任何思維錯誤——錯的只有別人。不難理
解，狂熱之為狂熱的一個底因，就是認定只有自己的思維方式
才是絕對正確的「最高原理」，沒有任何邏輯律則或科學檢驗
可以規範他們。

　　正常人都知道「自相矛盾」這個成語故事背後的寓意是
「不能胡思亂想、違反思想律則」，不過在狂熱者眼中可能看
到一般人所看不到的「更深意義」——「當你熱銷的理論被人
揭穿含有解決不了的思維問題時，那就不要妄圖解決那些問題
了，而應該去解決那些揭穿問題的人」。如此，就再沒有人指
摘你有思維錯誤的了，亦即是「沒有」思維錯誤的了；而且你
的理論亦不會再有反例的了，亦即是「絕對正確」的了。

　　歷史上很多的狂熱迫害就是由於錯誤思維的真理幻覺
所導致的；同時又有很多狂熱迫害是由於上述「解決那些揭穿
問題的人」那種「以錯誤的思維去補救錯誤的思維」的錯誤思
維所導致的。

II 強權公義

以上討論過自以為所掌握的幸福理論是為「絕對真理」，實則卻是「**真理幻覺**」的狂熱思想，以下則會探討自以為直接掌握了「絕對公義」，實則往往卻是「**強權公義**」的狂熱思想。（兩者關係密切，並非截然而分。見下面進一步的分析。）

世上有多種不同的「絕對真理」，然而明顯地不是所有的政宗狂熱者都會狂熱於同一個特定的「絕對真理」。譬如香港人不見得會狂熱於共產主義、法國人不見得會狂熱於「符合國際標準的真普選」、非教徒不見得會狂熱於「上帝的旨意」……但是可以說，所有的政宗狂熱者都會狂熱於「絕對公義」。

經過下面的分析可以見到，政宗狂熱者既是真理使者亦是正義恐怖分子，他們自以為掌握了「公義（或正義）」的絕對標準，他們以「正義」之名去解釋其種種恐怖手段。究竟「公義（或正義）」這個概念的性質為何，從而導致這樣的現象？

李天命指出：「（語意虛浮的）學說一旦被奉為整個社會的『指導思想』時，就很可能導致訴諸強權而不是訴諸理性的行為心態，其表現為：不問客觀是非，只問最新形勢，……此中原因，乃由於誰有權誰就有解釋權，誰有解釋權誰就有『最高真理』；結果，實踐不是檢驗真理的標準，實彈才是檢驗真理的標準。」[89]試看以下史實——

例一：「1919年在巴黎和會上，中國與日本簽訂了不平等條約，激起了無數中國人的不滿，當時以北京大學生領頭牽起了五四運動。1919年5月3日晚上，北大學生舉行大會，其它學校也有學生代表參加，學生代表發言，號召大家起來保家衛國。次日上午十幾所學校的學生代表都聚集在天安門前集會和進行遊行示威。學生高喊口號『外爭國權，內懲國賊』遊行，走到趙家樓曹汝霖的家門口時，『漢奸』曹汝霖（當時曹汝霖正出任交通總長，負責把部分權益讓予日本，所以成為學生聲討對象）嚇得躲了起來。當時學生錯把在曹家做客的章宗祥當成了曹汝霖，於是將章宗祥痛打了一頓。後來還放火燒了趙家樓。」[90]

例二：「法國九月屠殺——法國大革命期間，1792年9月2日至6日巴黎及全國各處城市持續五日的殺戮風

51

潮。在其前夕，巴黎政治局勢高度激昂，屠殺是因對叛國者和外國侵略者的可怕傳言所引起的。革命人士擔心，外國反法盟軍和保皇黨軍隊會襲擊巴黎，然後釋放監獄的囚犯，並加入他們的行列。激進分子呼籲採取先發制人的行動，他們號召應徵入伍者出發保家衛國前要把囚犯先殺掉，他們才能了無牽掛。由國民自衛軍和一些國民警衛聯盟的暴徒開始實施；市政府、巴黎公社，縱容並呼籲其他城市效仿跟進。第一個屠殺實例發生在當24個拒絕宣誓的教士正被轉送到聖日耳曼德佩修道院監獄時，他們被暴徒攻擊，當試圖逃進監獄時，他們全部都很快被殺然後肢解，根據英國外交急件紀載：『伴隨野蠻的情況太震撼以致無法描述』。從9月2日至6日，即決審判在巴黎所有監獄舉行。將近1400個囚犯被判處死。」[91]

例三：「1994年7月29日美國，保羅‧希爾殺害墮胎醫生約翰‧布利頓，希爾認為不管是已經出生還是尚未出生的孩子，都應該受到保護。希爾被控一級謀殺。在法庭上，希爾試圖以『正義謀殺』來開脫自己的罪責。他表示，親手殺死醫生是事實，但他因此拯救了數千條尚在母親腹中的嬰兒的生命。」[92]

從以上史實不難看出，那些訴諸暴力的人並不是為了追

求特定的「絕對真理」。他們之所以認為自己「可以」訴諸暴力甚至殺人，並不是出於個人的意思或滿足自己的私慾，他們認為打人殺人是件公共事務，是出於「公意」或符合「公眾利益」（如所謂的「保家衛國」），亦即維護了他們心中的「公義」。古今中外種種的激烈鬥爭（無論是政治鬥爭還是宗教鬥爭）所引致的暴力迫害，不論當中的過程如何錯綜複雜、其所持的主張如何千差萬別、東西方的文化傳統如何南轅北轍，分析到後，那些激進狂熱者聲稱所爭的、所維護的往往就是「公義」——他們透過強權暴力對社會作出恐怖統治以達至他們心中的「公義」。箇中的底因無非是因為他們自以為掌握了「公義」的絕對標準，亦即自以為代表着「公義」，因此可以為所欲為。

李天命指出：「『民主』、『自由』、『平等』這些概念，全都從屬於『人權』這個概念」[93]；「濫人權主義假義」。[94] 由此可見，「公義（或正義）」這個概念也是從屬於「人權」這個概念的。上述殺害墮胎醫生的兇手也都解釋了，他認為他的謀殺是為「正義謀殺」，「正義謀殺」即「有權謀殺」；因為他認為他的謀殺「拯救了數千條尚在母親腹中的嬰兒的生命」，即維護了嬰兒的出生權。換言之，侵犯人權就是邪惡，維護人權就是公義（又如例一的示威者所說的「外爭國權」亦等同於「爭取公義」）。因此狂熱於「絕對公義」就等於狂熱於「絕對人權」。

「不是說（「人權」）這個字眼本身就是語意曖昧的，

我要指出的是：在某些上下文中，在某些情境中，我們知道它是什麼意思，但在另外一些場合被人濫用的時候，它的意思卻是迷糊不清的。」[95] 李天命說。無數事例都在告訴我們，最易被人濫用至語意虛浮而令人們訴諸強權甚至暴力而不是訴諸理性的思想觀念就是「公義（或正義）」、「民主」、「自由」、「平等」，即「人權」。

公義和人權問題乃事關重大的問題，要消解種種因為爭公義、爭人權而導致的暴力衝突，須分析清楚有關概念的性質，避免濫用，其底子在於語理分析。

一、理性與經驗

人類對於真理的探索，靠的是理性討論與經驗觀察。

試比較以下說法──

甲：「人有嘴巴。人有肛門。人有翅膀。」

乙：「人有喧嘩權。人有排泄權。人有飛行權。」

丙：「人有排泄權。沒廁所，不公義。」

人們很容易判定甲的說法的是非真假，但就不容易判定乙、丙的說法的是非真假。箇中關鍵在於「嘴巴」、「肛門」、

「翅膀」等字眼是描述性的，李天命指出：「描述性的概念，不容易被濫用。你如果濫用它——比如指着一棵洋蔥說那是一把椅子——別人就很容易看出這是錯謬的。」[96]因此，「人有翅膀」這個事實陳述，「可以援引事實證據來判定真假」[97]，於是易分真假；但「喧嘩權」、「排泄權」、「飛行權」等「『人權』之類的概念是評價性的概念，比較容易被濫用」[98]，因為「人有排泄權」「在本質上是一個規範陳述（廣義價值判斷的一種），這種陳述並不描述經驗事實，無法像『人有腎臟』那樣可援引事實證據來判定真假」[99]。正是由於有關「人權」的論斷無法援引事實證據而難分真假，因此有關的「人權」概念就容易被人濫用來蒙混過關，結果容易引起糾纏不休的論爭。而「公義」概念從屬於「人權」概念，同樣不是描述性而是評價性的，「某事情公義／不公義」都不能被經驗證據支持或推翻，因此亦易被濫用而引起糾纏不休的論爭。由此可見，「**人有沒有某些人權，這種問題並沒有經驗事實作為解答的確據。……遇到這種『缺乏事實證據』的情況時，怎麼辦呢？這時唯一剩下的就是理性，最終我們需要進行理性的討論。**」[100]

要有效地理性討論，首先要避免對「公義」、「人權」等概念的濫用。如何判斷其為濫用，宜先了解它們如何被濫用。鬥爭的起因往往源於有人認為社會不公義，所以要出來爭公義；社會不公義即有些人的權益受損，爭公義其實即是爭人權。然而，事情是否公義，要給出理由，「公義」一詞不是理由本身；公義源於人權，但爭人權都要給出理由，因為「人權」一

詞也不是理由本身（同樣地，「民主」、「自由」、「平等」等字眼也不是理由本身）。否則任何政策都會同時得到充分的支持與反對的了——只要雙方都同時想出個「乜乜權」、「**物物權**」的字眼作為理由即可。愚人以為「人權」一詞就是理由本身，結果「爭人權」就等於同時證明自己「**有人權**」；而既然已經證明自己「有人權」，即又同時已經證明所爭的就是「公義」了。

　　事實上有關的爭議往往如此。李天命指出：「如果經過理性討論，考慮到社會的實際情況，立法規定一些合理的界線，確定怎樣才算是知情權，怎樣才算是私隱權，⋯⋯根據有關法律（假定其條文並不含糊），『知情權』、『私隱權』這些字眼就不算語意曖昧。但一般人往往不是這樣使用這些字眼的。可能還沒有定立明確的法例時，忽然有人想出『知情權』這個詞語，比方說，有『狗仔隊』跟蹤你，騷擾你的私生活，你抗議的時候，他就說：『我們有知情權。』於是那些不想被騷擾的人又想出了另一個詞語：『我們有私隱權。』問題是，私隱權和知情權的範圍界線是怎樣劃定的呢？如果不適當劃定的話，兩者就會有衝突。在這情況下，假如知情權是人權之一，私隱權也是人權之一，那麼『人權』這個概念就包含了一些互相衝突的內容，令人無所適從。」[101]換言之，在脫離實際情況，尤其是脫離所需的法律條文來為「知情權」和「私隱權」劃定範圍界線的情況下而使用它們，它們就是曖昧虛浮的，亦是人們濫用的結果。

又如「墮胎權」與「出生權」的爭議，支持墮胎一方就說「墮胎權是女性的基本人權，是女性的身體自主權」[102]，反對墮胎一方就說人有出生權，因為出生權即「生命權，是人最基本，最重要的人權」。[103]這樣的「人權」爭論無非就是在「乜乜權」（「自主權」）、「物物權」（「生命權」）等冠冕堂皇的字眼上（兩者都聲稱是「**基本人權**」）不斷兜圈，完全沒有觸及任何社會的實際情況。其實要玩弄這種文字遊戲可謂易如反掌，譬如所謂的「女性身體自主權」和「生命權」都是「基本人權」，那麼哪個「基本人權」更為「基本」呢？支持墮胎一方當然會說「自主權」比「生命權」更基本：因為一切生命皆來源於其母親即女性的「身體自主權」嘛；反對墮胎一方當然會說「生命權」比「自主權」更基本：因為母親即女性必先擁有其「生命權」才可以行使其「身體自主權」嘛。然而支持一方可以進一步地說：沒有「自主權」的「生命權」就不是「完整的生命權」呀；反對一方也可以進一步地說：侵犯「生命權」的「自主權」就不是「完善的自主權」呀……

要合理地支持或反對一個政策，就要指出當中的利弊、權衡輕重、實事求是地理性分析，譬如討論墮胎合法與否對於當時當地的社會文化、經濟人口等有什麼實際影響，而不是在「乜乜權」、「物物權」等字眼上循環兜圈，更不是一味搬出「基本人權」這個冠冕堂皇的字眼來壓人。然而上面這種脫離實際情況、脫離法律語境、「**自我獨創**」之下的人權概念就是曖昧不明、虛浮不實的，因為我們終究還是搞不清楚，究竟「自

主權」和「生命權」之間的範圍界線是怎樣劃定的呢？

　　進一步言，這種冠冕堂皇的「人權」之爭往往就會提升到「公義」之爭。因為他們所說的「自主權」與「生命權」等等都不是個別的人的特權，而是所有人都享有的「基本人權」，維護所有人的基本人權，自然屬於「公義」的範疇——結果雙方所爭的都是「公義」。人們之所以認為可以脫離實際情況、憑空創作個「乜乜權」、「物物權」出來就等於**有權**，甚至只是自說自話、不當預設地斷定自己所爭的「人權」就是「基本人權」，意謂其所爭的「人權」有絕對性、是不容侵犯的，這些想法的背後往往源於他們已經自以為掌握了「公義」、「人權」的絕對標準。

　　譬如關於墮胎權就有着這麼一個「小提琴家論證」作為支持：「假設有個小提琴家患了一個很奇怪的病，昏睡不起需要另一個人的身體去提供養份維持生命。有人把你綁架了，用管道把你和小提琴家連接起來，用你的身體來當他的維生儀器。小提琴家自然是人也擁有生存的權利，但他沒有權利使用你的身體當他的維生儀器。儘管沒有你的身體小提琴家會死亡，你也絕對有權把管道拔掉。在道德上你沒有責任去救小提琴家，而要整天陪他睡在病床上。當然若果你自願救人犧牲自由是一件值得稱讚的善行，但你要選擇自由也沒有人可以指責你做錯。同樣道理胎兒有生存的權利，但胎兒沒有權利用母親的身體當維生儀器，墮胎正是母親行使她的身體自主權。這說明就算胎兒被當作是人，母親依然擁有墮胎的權利。」[104]

這是一個一塌糊塗的論證。這論證企圖以「胎兒沒有權利用母親的身體當維生儀器」這點作為前提去證明「母親擁有墮胎的權利」此一論旨，但這個前提其實建基於一個錯誤的類比，須知道胎兒跟那個小提琴家不同，那個小提琴家是因為得到「怪病」才需要別人的身體來維持生命，然而所有胎兒由存在一刻開始到出生前一刻都必須依賴母親的身體來維持生命，而這並非由於胎兒有什麼怪病，而是所有胎兒在正常情況下之所以能夠生存的必要條件。若果「胎兒沒有權利用母親的身體當維生儀器」，那麼他又怎樣能夠生存？既已斷定「胎兒有生存的權利」，卻又否定「胎兒有利用母親的身體當維生儀器的權利」，無非自相矛盾。

由上面這個脫離實際情況的「邏輯論證」可見，很多人就是以為「公義」、「人權」等有其先天的、超越現實的絕對標準。他們以為「墮胎權」或「出生權」甚或其他一切人權的界線都可以無須理會任何實際情況，單靠對「人權」概念進行內部的邏輯分析而得。

如此這般欠缺理性討論、脫離現實的「公義」、「人權」之爭，就是對「公義」、「人權」等概念的濫用。當這些概念被過度濫用就會很危險，因為這種脫離現實的爭論往往源於雙方都自以為真理在手地盲目堅持，這樣盲目地爭辯下去很容易就會訴諸暴力。正如上述那位殺害墮胎醫生的兇手認為，墮胎醫生就是侵犯「人的出生權」的邪魔，因此出手殺害對方就是維護人權的「**正義謀殺**」——「**正確之極**」了。

二、客觀與主觀

「理性討論並不擔保最後大家必有一致的意見，但卻是我們所能採取的最好的辦法了。……當碰到理性討論之後仍有問題無法消解時，該怎麼辦呢？沒有別的更好的辦法，最好就是通過投票（可包括司法投票）去解決。」[105] 李天命說。

如上所述，「公義」、「人權」問題屬於規範性的問題，是廣義的價值問題的一種。價值判斷是既有客觀性亦有主觀性的，因此它不像邏輯科學般那麼客觀、少有爭議，但同時又不像相對主義者所說的價值判斷沒有是非高下之分、純粹主觀無得討論的。「公義」與「人權」（包括上述其他概念），當包含互相衝突的成分時，要界劃清楚當中互相衝突的項目，並不能單靠分析那個概念自身而得。因此問題不在於那條界線本身在於哪裏，而在於訂立界線的過程與方法。當立法司法機關經過理性的程序、因應當時社會的實際情況（包括考慮有關的文化傳統、經濟環境等因素）而為有關的人權項目予以劃界時，有關的人權項目才會有相對清楚的意思。而在這種語境之中所說的「人有／沒有某種人權」才有所謂是非對錯之分。

但是，又由於價值問題同時牽涉主觀性，其主觀性關乎各人的價值觀念、好惡感覺等，李天命即指出：「極端相對主義者總是不明白邏輯數學有大量命題具有絕對性，極端絕對主義者總是不明白人文社科有很多成分帶有相對性」[106]。因此**「在邏輯和數學中，我們理性的一致程度是最高的。但在有關**

社會和人生的問題上，我們理性的一致程度就沒那麼高了。……明白了以上的道理之後，在碰到（人權）問題時，我們就不會再太過理直氣壯而以為『絕對真理』一定在自己的一方。」[107] 換句話說，並無絕對的理性理由可為「人權」劃界，界線的訂立最終必涉約定性的、制度性的因素：「濫人權主義的思想根源在於沒有意識到人權問題的背後其實牽涉着一些約定性或制度性的因素。……這些因素不是先天的，而是人為的，是由規定產生的。」[108]

　　總括而言，世上並無絕對意義之下的「公義」、「人權」（正如哪首詩是好詩當然是有理可言的，但就沒有絕對意義之下的「最好的詩」）。若果「公義」、「人權」問題如同數學問題般有邏輯上必然的確定解答，人們就不會這麼激烈的了。即便是同一個國家的同一個人權項目，在不同時期亦會因應當時的實際情況而有不同的界線範圍。換言之，以為自己掌握了「絕對公義」或者「絕對人權」，實屬虛妄。正如波普爾指出：「人權、自由的限度這一重要而又困難的問題，不可能用死板的一刀切或抽象的公式就可解決。事實上，難以確定的兩可情況常常都會出現。」[109]

【事實上，真的有家網台的宣傳口號為「講真話、行公義、好憐憫」。所謂「行公義」，點「行」法？這樣的口號無非在暗示世上有某種千古不變、絲毫不差的「絕對公義」可以讓人去「行」；不知就裏的愚人就會以為，只要依照自己的心

意而「行」就是「公義」、甚至是「絕對公義」了。那家網台就是想不到，若果他們當中有兩個人所行的「公義」是互相衝突的，應該如何處理？】

三、抗暴與施暴

上面已經指出，「公義」與「人權」是最易被人濫用至語意虛浮而令人們訴諸強權甚至暴力而不是訴諸理性的思想觀念，而上面亦已說明了它們是如何被人濫用至語意虛浮的。問題是，它們在什麼情況下最易被人濫用至訴諸強權甚至暴力？就是當它們「被奉為整個社會的『指導思想』」的時候。

李天命說：「專政須防暴政，民主須防暴民。暴政反彈出暴民，暴民反彈出暴政。欲破此惡性反彈之惡性循環，關鍵在明『過猶不及』之理。」[110] 抗暴者往往變成施暴者；當整個社會都在爭公義時，往往導致強權暴力的濫人權橫行。

無數事實都在告訴我們，當社會出現激進狂熱的暴力肆虐，不論是由在朝還是在野的人發動，其動機往往都是聲稱為了爭取「公義」；爭取「公義」即成為了當時社會的「指導思想」：其中一個情況是當時社會主流被「真理幻覺」所蒙蔽，皆將所要追求的幸福理論視作「絕對真理」，因此它必然也是「絕對公義」的，結果導致大眾都自充「公義」，爭相出來建立「公義天堂」，而反對者自然會被視為不公義、反人權的邪

惡分子；另一個往往更為激烈的情況就是被社會大眾聲稱為了
「抗暴」而來，而原本那些需要被對抗的暴政／暴民，在他們
這些「抗暴者」眼中自然是不公義、反人權的，因此他們要出
來爭取「公義」，然而當他們以同樣激烈的手段去爭取「公義」、
「人權」之時，就表示他們都已經自充「公義」，即自以為掌
握了「公義」、「人權」的絕對標準了。試看以下實例——

　　　　濟州四・三事件：「是濟州島在1948年4月3日至
1954年9月21日持續六年半的血腥屠殺事件。1947年3月1
日警察槍殺遊行的島民激起警民之間的敵意，先後有
2500人被逮捕（全島1%人口），1948年4月3日三名島民被
刑訊逼供致死，武裝的南朝鮮勞動黨為此起事，攻擊濟
州警察廳支所，拉開序幕。濟州警察廳與韓國陸軍進行
血腥報復，李承晚當選大韓民國總統後，圍剿兵力比駐
朝鮮美國軍政廳時期還要多，其中陸軍第二師第二團團
長咸炳善在漢拏山縱火燒毀95%村莊、屠戮全體村民。真
相糾明委員會斷定25000-30000人死亡，佔島民人口10%
以上，其中86%由政府所殺，13.9%由武裝平民所殺。」[111]

　　　「1948年4月3日深夜，南朝鮮勞動黨襲擊濟州警署
時聲明：『為反對賣國的單獨選舉、單獨成立政府，實現
祖國統一獨立和完全民族解放；為掃除吃人美帝帶來的
苦難與不幸，杜絕走狗們大屠殺野蠻行為，我們拿起武
器挺身而出。』

被清剿到走投無路的左派，決定拚死相抗，以反對即將到來的510選舉為由，發動武裝起義。他們的檄文宣稱：『……有良心的警察、青年，你們為誰而戰？是朝鮮人就應該把踐踏我們江山的外敵驅逐出去，推翻出賣國家和人民、屠殺愛國人士的賣國奴。警察們，把槍口對準他們，不要對準你們的父母兄弟。有良心的警察、青年、民主人士們，快站到人民的這一邊，站起來擁護反美護國戰爭。』

5月10日，武裝隊襲擊選務所，綁架殺害選務人員，又策動民眾放棄選舉上山避難，讓南韓200個選區中，只有濟州兩區的選舉無效。儘管之後美軍政策劃補選，仍以失敗收場，失去威信的美方感到顏面盡失，不由得暴怒，再次發動鎮壓討伐。

1948年8月，大韓民國成立後，李承晚政權的手段更是嚴厲。他在11月宣佈濟州島戒嚴：只要進入離海岸線5公里遠山腰者，就會被視為暴徒，就地槍決。為了杜絕左派藏匿機會，半山腰的村莊也都燒成灰燼。不知道疏散命令的村莊，會遭到放火與屠殺。除此之外，在美軍操縱下，當局甚至執行焦土化作戰與三光三盡的『完全鎮壓』。殘酷到什麼地步？只要家裏少一個成員，就會被視為『逃亡』，全家人就會被『代殺』。

但殺人的不只討伐方，武裝隊也是滿手鮮血。他們不斷針對軍警進行報復襲擊，展開『格殺勿論』的作戰方

式，此外，只要不協助自己而傾向對方的村莊，村民也會遭到立即殺害。例如，左翼武裝隊會對不配合收集稻米的人大發雷霆，當場以竹刀刺殺；而右派軍警看到食糧沒被搶劫的人也會以『共匪同路人』為由，栽贓押捕。為了避禍逃亡的人，既會被武裝隊追趕，也會被軍警圍捕。

而這無非就是左右對立情勢下的『寧可殺錯不可放過』了。」[112]

以「良心、愛國、民主、驅逐外敵」為名而「拿起武器挺身而出」的南朝鮮勞動黨，卻跟他們眼中的「吃人美帝」一樣做出「屠殺無辜島民的野蠻行為」。如此捍衛「民主」，無非自充「公義」。

除此之外，還有2018年法國因為調高燃油稅而觸發的黃背心暴亂、2020年美國非裔男子佛洛伊德（George Floyd）遭警察跪壓頸部致死引發「黑人的命也是命」（Black Lives Matter）的示威而演變成的暴亂、2021年美國總統特朗普支持者認為大選舞弊而暴力闖入美國國會大廈等等，無數破壞社會安寧的暴亂，都被暴亂者聲稱由於社會不公，於是為了爭取「公義」、「人權」而來。再如2019年的香港暴亂，其中有的暴力示威支持者也有着這麼一個暴亂理由：「當政府先用警暴攻擊人民，人民就有正當權力保護自己。」[113] 意思就是，雖同為暴力示威者，但他們當中有一些並不需要前述「符合國際標準的真普

選」這個「絕對真理」作為理由，即其所謂的對抗「暴政」（「警暴」）就是其暴力示威、破壞社會安寧的全部理由了。而面對這些暴行，一般的社評只能從社會現實層面作出評論，如「以暴易暴只會為社會帶來更大的混亂」之類，而無法從其思想層面予以徹底的破斥——即其所謂的「人權」概念：「人民就有正當權力保護自己」究竟是什麼意思？其界線範圍去到哪裏？這個「正當權力」是怎樣得來的呢？說穿了，那只不過是個脫離所需的約定語境、「自我獨創」的，因而只是個曖昧虛浮的堂皇言辭，以掩飾其濫人權、濫暴力的實質罷了。當他們獨斷地認為可以用破壞社會的方式去捍衛「（關乎所有）人民的正當權力」之時，就表示他們已經自以為掌握了「公義」、「人權」的絕對標準了。換句話說，不論是哪種形態（即自以為掌握了「絕對真理」還是掌握了「絕對公義」）的政宗狂熱者，其自充公義者同一——都會將自己的激烈手段甚至暴力行為解釋為為了天下蒼生、為了革命救世。然而激烈的人往往一方面以為自己真理在手，但同時又隱若覺得自己其實並沒有確鑿的理據、而只是被自己的主觀因素推動才會這麼激烈的。

當自充公義的狂熱者高舉「民主」、「自由」、「平等」、「公義」、「人權」等旗幟而任意妄為時，其所謂的「人權」就割離了原本所需的約定語境，任由他們隨意界定、隨意運用。譬如高舉「**人有示威權**」就隨意去商場或馬路遊行集會，甚至以搗亂破壞的方式去行使其「示威權」，有人批評他們，他們就施以暴力，甚至多人圍毆一人，令那人無力再「侵犯人的示

威權」；又譬如當對某些事情有懷疑時就以「**人有知情權**」去要求有關機構「交代事件、追究責任」，還舉着手機不斷拍攝，當得不到他們滿意的答覆就破壞那裏的設施，以「彰顯人的知情權」；但當別人想向他們追究責任而又不滿意被別人拍攝時就說「**人有私隱權**」，還去搶奪甚至破壞不屬於自己的手機，你不就範就打你一身，這當然都是要令那人無力再「侵犯人的私隱權」了。所有這些行為跟上述那位殺害墮胎醫生的兇手的「**正義謀殺**」的思路並無二致，都會被他們解釋為「**正義示威**」、「**正義知情**」和「**正義私隱**」，大家都是「捍衛人權」的「**正義之士**」矣。既屬正義，所以即使犯法亦毋須負責，而這就是某類人眼中的「**違法達義**」——即是自充公義、為所慾為——的真面目了。他們壟斷了一切立法、執法與司法的權力，因為一切的法律條文、執法守則、審訊程序、判刑標準都在他們「公義」的腦袋之中，他們不需要任何白紙黑字的文字紀錄，更不需要公開任何細節，只需按照當時的心意而行就「可以」的了。

這些自充公義的「人權鬥士」，無非「**人權**」為名，「**霸權**」為實。他們雙重標準、輸打贏要：只有敵方的行為才會衝擊法治，自己的行為絕不會衝擊法治；自己犯法就視法律為無物，因為他們認為那些（規範他們的）法律本身就是不「公義」的，敵方犯法就視法律為神聖不可侵犯的、必須依法懲治；當法院判他們無罪就說「**公義得以彰顯**」，當法院判他們有罪就說「**制度已經崩潰**」。總言之，暴政就話：「**沒有暴政，只有暴徒！**」暴徒就話：「**沒有暴徒，只有暴政！**」

當狂熱分子不惜以恐怖暴力進行革命救世之時,「反革命」就是最邪惡的事物,徹底消滅「反革命分子」就是順理成章的正義。然而,何謂「反革命」呢?在「反革命」與「非反革命」之間的界線分際在哪裏呢?當然是由最強權暴力的革命分子來界定的了。

當一大群自充公義的人運用上述那種濫人權、濫暴力的恐怖手段去捍衛「公義」之時,這個社會就被恐怖籠罩並統治着,他們就會由自以為的「救世抗暴者」變成他們最痛恨的「虐世施暴者」——**以暴易暴**。究其底因,就是因為在上述那兩種情況,尤其是於「抗暴」的時期,「公義」、「人權」等概念被濫用成曖昧虛浮的字眼,且成為了當時社會的指導思想,導致人們爭相出來所執行的「公義」,往往只是由強權所支撐而非由理性所支持的——「**強權公義**」。而這些正義恐怖分子當然亦是真理使者,因為他們最崇尚的其實並非「暴力」而是「真理」——他們最崇尚的「真理」就是「**拳頭就是真理**」這個「絕對真理」。

歷史上種種強權公義的恐怖統治,正是由於誰有權誰就有解釋權,誰有解釋權誰就擁有關於「公義」、「人權」的「最高真理」。而如上所論,無論他們怎樣解釋,都不會是「公義」、「人權」的唯一客觀的絕對標準。

(因此,自以為掌握了「絕對公義」,最終都會指向「真理幻覺」,因為世上並無既有實質信息內容而又必然為真(即「實質而且必然」)的「絕對公義」。)

四、下策與上策

李天命續說：「就語意虛浮的學說而論，誰得勢誰是正統，誰失勢誰是異端，那是天經地義，沒有任何人有堅強的理據去解釋自己對有關學說的解釋是唯一正確的解釋。」[114]

因此，要成為「公義」的正統就要先得勢。如何令自己得勢？不外兩大方向：一方面增加社會對自己的支持度，另一方面減低社會對自己的反對度。關於增加支持度方面，有理可講就以道理服人，無理可講就以歪理騙人（如上面「真理幻覺」的各項分析），並以鋪天蓋地的方式宣傳，洗人的腦，愚人只會照單全收，沒有半點質疑能力的。關於減低反對度方面，訴諸激進的手段最能收此效果，因為很多人對激進的手段反感但沒有提出反對有兩大原因，一是看不穿當中的濫人權的思維要害而啞口無言，一是怯於其強權甚至暴力而噤若寒蟬。激進勢力就在此種沉默之中坐大。在此消彼長之下，所謂「公義」的正統，就能訴諸洗腦、強權而奪得。聰明的野心家就是看準上述潛藏於社會的各種人性的弱點，為了成為「公義」的正統，自然洗腦、強權無所不用其極。

鬥爭源於分歧，野心家不為解決問題，只為爭權奪利，挑動對立雙方的仇恨甚至暴力衝突，煽動激進勢力動用強權甚至暴力擾亂社會，他們就趁機挾持溫和勢力同時兼併激進勢力為自己爭奪「公義」的話語權——愚人就認定他們是「公義」的化身——而事實上很多野心家和愚人都自以為是「公義」的

69

化身的。返本溯源，就是因為「公義」（或「人權」等）概念容易被人濫用至曖昧虛浮，進而容易導致訴諸強權的特性，因此令政治投機的野心家有可操弄的政治空間——精人出口笨人出手，愚人紛紛投入被操弄的行列。

任何的權力都需要受到制約，沒有權力可以毫無限制。當爭權的人蠻不講理，缺乏理性的制約，就很容易會變成獨裁的暴虐權力。理性是程度之分，越不理性就越主觀霸道。激進狂熱者滿口「公義」、「人權」（尤其是「言論自由」），但實際的行為卻是黨同伐異、霸道排他不容異說，一遇到質疑批評之聲就訴諸謾罵、恐嚇、甚至暴力——他們所追求的「人權自由」只是他們自己人的「人權自由」——種種濫人權的行為往往源於非友即敵，即非黑即白這個錯謬的思維而導致的。結果，不會非黑即白的理性聲音，不是歸邊，就是沉默——被沉默；當中間派越被噤聲，激進派就越得勢，而缺乏理性制約的黨同伐異行為只會導致言論空間的不斷收窄，越趨向單一聲音。因此當一個激進派系崛起，通常又會被更激進的派系所吞噬，蠻不講理的鬥爭往往會演變成極左與極右之爭。社會之所以撕裂，就是因為蠻不講理的風潮冒頭得勢。換言之，只要社會陷入盲目瘋狂而令激進極端的思想得勢，激進極端就是「公義」的「正統」，這是天經地義，亦是社會失去理性的黑暗時期。討論至此，很多在暴亂時期仍然保持理性清醒的人難免會感到無奈萬分。

對於這個問題，李天命這樣提示：「**甘奉對方為正統，**

斯為下策。然則中策上策呢？自立為正統，斯為中策。讓那個『統』名存實亡，或者乾脆超越那個『統』，斯為最上策。」[115] 由此可見，鬥爭的雙方——極左與極右——當然不會蠢到甘奉對方為正統，而必以自己為「公義」、「人權」的正統；加入任何一方，都只是停留於同一層面，即最多只屬中策。然則上策呢？李天命認為：「**最好採用『合理』這個概念來代替或暫時代替——最低限度以之作為上述（「人權」）概念的內核或者根底。那就有助於把思想導往理性討論的方向。**」[116]

「有沒有權？」、「是否公義？」不是最根本的問題所在。透過強權所達至的「權」，在實際上當然有權（譬如秦始皇當然「有權」焚書坑儒），但不一定合理。有獨立思考的人一樣會質疑那所謂的「權」究竟是什麼意思？有何理據？然而透過理性討論所達至的「公義」、「人權」，則是人類所能擁有的最好的辦法。任何言行是否合理，最終可憑的並非任何律法制度，而是理性；要建構一個妥善的律法制度，最終可憑的都是理性。

總括來說，正是由於「公義」、「人權」之爭容易導致訴諸強權而不是訴諸理性的行為心態，是狂熱的思想根源之一，欲減低強權濫權的狂熱，以「合理」代替或暫時代替有關的概念，將問題重心導向講理，而不是勢力鬥爭，更不是自封真理、自充公義；李天命的倡議，是人類再向前進步的「思想革命」。

【話說製作《羊村十二勇士》繪本的作者被控串謀刊製煽動刊物罪，其中一名被告在審訊期間反問：「有限制嘅自由係咪真係自由呢？」[117]李天命指出：「人們通常以為自由就是沒有限制。『沒有限制』推到極端就是絕對自由。但絕對自由是會導致『自由的弔詭』的，那就是：絕對自由會引致天下大亂，在亂局之中，人們身不由己，於是反而失去自由。」[118]

很多追求自由的「人權鬥士」都妄執於沒有界線的絕對自由。譬如在對抗新冠疫情期間，很多民主國家的人民都發起反防疫示威，有些甚至演變成暴力示威，而其示威理由往往並非針對某些具體的防疫措施，而是通盤地反對防疫這個根本國策，如有示威者批評「防疫限制措施是剝削民眾自由」、認為「民眾應該有自由選擇如何應對新冠疫情」。[119]為何民眾應該有自由選擇如何應對疫情呢？這是否表示人民的自由應該沒有任何限制的呢？民眾應該有自由選擇如何駕駛汽車嗎？民眾應該有自由選擇如何棄置垃圾嗎？民眾應該有自由選擇如何使用槍械嗎？……

又如香港某套「神劇」有個廣受歡迎的對白說：「『和諧』不是100個人在說同一番話，『和諧』是100個人在說100句不同的話的同時，而又互相尊重。」[120]這裏的「100句不同的話」當然不是指「『特定的』100句不同的話」，而是在強調「不同的話」，意即「任何一種聲音」。這無非在暗示言論自由有絕對性、不能限制任何一種聲音，否則就是不尊重那種聲音、即是沒有言論自由了。然則，書局可否毫無限制地販賣四

級淫藝寫真、黑幫招聘雜誌、恐怖襲擊指南等等書籍？要尊重與自己不同的聲音嘛！由此可見，言論自由即使再重要也不可能沒有限制。稍有常識的人都會知道，沒有限制的言論自由是很容易導致社會混亂的。然而那些滿口「人權自由」的政宗狂熱者在追求「人權自由」的時侯是不會強調「自由不能沒有限制」的，這並非因為他們認為「自由就是沒有限制」，而是因為他們認為他們自己就是那條絕對界線 —— 他們允許的就可以講可以做、他們不允許的就不可以講不可以做，而這就是自封真理、自充公義了。】

總結：客觀開放

　　經過上部的分析可見，世上並無既有實質信息內容而又必然為真的「絕對真理」或「絕對公義」。而上部分開破解這兩種狂熱之思（「真理幻覺」與「強權公義」）的論述方向，是從大家容易看得到的實際狂熱現象去考察的。最深層地說，政宗狂熱者之所以自以為代表真理、同時代表公義，其思想上的最深根底，乃是由於他們自以為掌握了一套能夠掌握絕對真理的方法，以致可以壟斷一切真理。當某人可以壟斷一切真理之時，就同時獲得能夠制定一切事物的標準的絕對權力——因為他代表真理，即就同時掌握了一切事物的絕對標準，亦即同時代表公義了。而這就是政宗狂熱者之所以自封真理同時自充公義（因而往往演變成強權公義），亦即**狂熱**的思想底因。至於其狂熱的心理底因則會在下部探討。

　　總括而言，愚盲狂妄的人總有一種自封真理、自充公義，亦即自命先知的傾向。不論是哪種形態的政宗狂熱者，當他們自以為掌握了人類幸福的祕密——人類幸福的終極答案，因此

可以自命先知，其底子都是先驗地否定了人類的理性可以創造出更美好的社會形態的功能（因為「實質而且必然」的「絕對真理」或「絕對公義」，意味着其反面的情況必不可能）。政宗狂熱者彷彿都是熱心誠敬的真理追求者，實則卻是霸道排他的真理佔有者。狂熱思想的困乏，就在於思考力尤其是想像力的困乏。

理性，包括其所涵涉的思方邏輯、科學法度，不是一種特定的立場，而是任何立場都必須遵從的公器。然而當政宗狂熱者放棄理性時，其唯一剩下的法則就是「叢林法則」——弱肉強食。正如李天命所說：「在今天，各門嚴格科學都有高度的理論成就以及重要的實際應用；反觀各門人文學科，卻是遠遠落後，甚至幾乎停滯不前。正當科學家藉着冷靜客觀的觀察、實驗、假設、演算等方法來處理科學問題之際，社會、政治、宗教等範疇內的人文問題卻正被人在一種『熱烈的氣氛中』無休止地爭辯着，而到了最後，這類問題常常要靠社會壓力、政治鬥爭、宗教迫害等『方法』來給以『徹底的解決』。」[121]

科學進步從來不能依靠自命先知，科學的力量就在於人類的想像。科學理論並無終站，幸福理論亦然。為了追求幸福，人類必須以客觀開放的理性態度，不斷試探同時不斷改錯，而不是主觀閉塞地狂熱於獨斷的「幸福」之中。

下　部

慧 化 狂 熱 之 心

「虛榮心結、自我膨脹、救世幻妄」這三結合所
形成的心魔，發作起來會表露出一種似椰子掉落水裏
浸久了會產生的「椰脹現象」——即幻想「我是救主，
我是真理，我來這個世界是有任務在身的」的精神狂
亂之象。[122]

——李天命

一般而言，心理學家不會探討「為何世上並不存在『實質而且必然』的『絕對真理』？」這種思想問題；方法學家不會探討「為何有人會認為世上存在『實質而且必然』的『絕對真理』？」這種心理問題。思想與心理雖沒有必然的邏輯關係，但卻有密切的因果關係。人性是相通的，即使在不同的文化傳統、歷史背景下會產生不同的「絕對真理」，甚至進而以不同的非理性的方式宣揚其「絕對真理」，但內裏往往都建基於相同的心理底因。正是由於思想與心理密不可分，缺乏其中一方的分析洞察能力，都未算擁有全面的智慧。

　　如前所述，任何思想都會有正反立場，而任何立場都會有溫和、激進甚至狂熱的支持者。換言之，人之所以狂熱，歸根究底，並非出於那個思想本身，而是出於那個狂熱者本身的狂熱心理。譬如我們可以想像有人會狂熱於「反狂熱主義」這個思想的；而且，原則上，理性本就跟狂熱背道而馳，但引言所提到的「理性崇拜」，卻明顯是「理性」為名、「狂熱」為實的真實歷史，足見狂熱的心理因素比思想因素更為深層而且根本。因為他們認為，當人們找到了「絕對真理」，就必須對它作出狂熱的追求，方能證明自己找到的是「絕對真理」，否則不算。

　　正如勒龐這樣道破：「人們在智力上差異極大，但卻有着非常相似的情感本能。在屬於情感領域的事情上 —— 宗教、政治、道德等，傑出人士很少能比凡夫俗子高明多少。」[123]不難發現，在同一派別的政宗支持者當中，常會夾雜了智力學

識差異極大的人，（這裏有個相當有趣的實例，不少香港反對派人士經常揶揄警察學歷低、是「毅進仔」，但他們卻選了一個「**中學會考只得零分，毅進計劃也不合格**」，即是連「毅進仔」都不如的陳X維為區議員[124]，「以代表他們向政府發聲」，他們這種「顛覆自我」的思想真是「光復香港，時代革命」矣。）由此可見，相比思想方面，政治宗教更植根於人們的情感本能即心理方面。以下就嘗試挖掘政宗狂熱的心理底因，即狂熱之本；以及種種狂熱的心理徵象。

I 狂熱之本

一、天堂幻妄

狂熱的心理現象本就源於宗教，或說源於宗教所指向的——天堂。海納爾指出：「狂熱主義最早來自拉丁文『Fanum』（寺廟），用來表示對某種宗教近乎妄想甚或瘋狂的執迷，……隨着信仰的衰落，一直佔據主要地位的基督教逐漸被其他宗教和各類烏托邦思想所取代，而各類烏托邦即被認為是降臨於現世的天堂。……狂熱主義者提供着答案，要讓人們相信現世或者來世存在着天堂。」[125]

換句話說，就算歷史上出現過的政治宗教思想都衰落了，人們的狂熱都不會衰落，因為人們所狂熱的，其實是（那些人所以為的）政治宗教所指向的完美世界、至善天堂。正如李天命指出：「上帝創造了天堂，上帝的扮演者（即真理使者）則要將天堂帶到人間，或者就地建造人間天堂，建立烏托邦。」

〔126〕何以如此？我們或許可以從相反的方向來考察這個問題。所謂相反的方向是個怎樣的方向？就是從智慧解脫作為起點去考察。

智慧解脫可有多種不同的表達方式，譬如李天命說：「金剛照，直面人生實相，心感苦樂，腦觀苦樂，能離苦樂，不動如如」。〔127〕「關於人生實相，幼稚的人茫無所覺，浮淺的人表層滑過，心結多的人虛妄曲解，心靈孱弱的人不敢正視。真能深入人生實相者，天堂地獄一體平觀、如實透察，性格必含金剛照」。〔128〕「見可有可無，是金剛般若。」〔129〕以上這些通達究竟之語，點破了政治宗教植根人心的最深底因。

人有好惡之心，這是正常不過的。人的好惡之心最終會指向對於天堂地獄的好惡之心——**好天堂而惡地獄**，而這就是人類正常不過的「情感本能」。如何擺脫地獄進入天堂，這是人類心靈的本質渴求——人類心靈需要天堂作為終極安頓之所。而政治和宗教正好分別關乎人類現世與來世的幸福指引。為了儘早得到心靈的終極安頓，很多人都會自覺或不自覺的被這種心理或情感的渴求蓋過了理性的作用，面對他人宣傳過來的政宗思想，往往會繞過理性的分析批判，盲目的以好惡來予以肯定或否定——愛好的、肯定了的就是天堂的指引；厭惡的、否定了的就是地獄的門徑。接着依照這種盲目的判斷來作為他們安身立命的思想，因此誰人質疑他們的政宗思想就等於觸碰到他們的命門，令他們激烈反應，此所以政治宗教是最易令人狂熱的兩個思想範疇。

李天命指出：「邏輯可能宇宙能。」[130] 大智大慧者了解到，天堂地獄永遠都是邏輯上可能的，以為有種天堂理論或者指引可以於原則上或邏輯上推翻地獄的可能性，無非違反邏輯。進一步言，面對人生實相，即使是天堂地獄的極端，唯大智大慧者能以「天堂地獄一體平觀、天堂地獄可有可無」此等終極平常心客觀看待、淡然視之、不動如如，不會被好惡情感蓋過理性思維——接受現實才能透察現實，對現實有如實的了解；同時亦不用執着於要實現天堂才能安頓此心，能處天堂能處地獄——接受現實且能超離現實，身處心靈天堂。

　　然而政宗狂熱者則是相反的極端，他們脫離現實同時妄執現實。海納爾指出：「當我們走向狂熱的時候，我們就很難獲得我們所追求的理性以及穩定的情感。」[131] 卡珀亦指出：「（狂熱者）之所以堅持信念，並不是因為有理性的證據，而是因為情感的放大。」[132] 縱使好惡之心乃人之常情，但政宗狂熱者卻先天或後天地抱有極端頑執的好惡之心。他們被這種極端放大的好惡情感蓋過理性思維，令他們對於人生實相抱有極大的主觀偏見——既不敢正視又虛妄曲解，結果即使身處太平盛世也會覺得身處亂世（脫離現實）；而更重要的是，他們因此憤世嫉俗、酸怨妒恨，尤其是對天堂地獄有着極端頑執的好惡之心——狂熱之心，以致只容天堂不容世俗，他們必須實現自己心中的天堂方能安枕（妄執現實）。他們不了解或不接受世俗甚至地獄永遠都是邏輯上可能的，於是進一步妄想天堂理論之為天堂理論，一定是「實質而且必然」的，才是如假包

換的——能摧毀世俗甚至地獄的可能性的，方為「天堂理論」（他們以為，還有可能出現世俗甚至地獄的理論，又怎麼配稱「天堂理論」呢？），殊不知那只是真理的幻覺。當他們自以為找到了「如假包換」的「實質而且必然」的天堂理論時，他們就更不能容忍這個世界仍然違背着他們的天堂理論而行，他們必定會以天堂使者的姿態「拯救」世人——哪怕要造成幾多犧牲。他們以為執意實現天堂乃是正義到極，實則邪惡至極。他們妄執於實現天堂，結果自陷心靈地獄。

換句話說，政宗狂熱乃是一切狂熱的核心，政宗狂熱其實即是天堂狂熱；政宗狂熱者自以為掌握了人類幸福的祕密，其實即是自以為掌握了天堂的奧祕（因此必定是「絕對真理」和「絕對公義」的）；政宗狂熱者即是天堂使者——不惜以強權暴力迫使世人進入他們心中的天堂。

解脫心境：天堂地獄一體平觀，能處天堂能處地獄。

狂熱心態：憤世嫉俗妄執天堂，只容天堂不容世俗。

【李天命指出：「高度抽象是高層次思考的特徵。抽象程度越高，普遍性越大，適用範圍越廣。」[133] 所說的「天堂地獄」無非都是宗教性的概念，落實到社會政治（包括環保）的具體層面則是「人間天堂人間地獄」。因此宗教思想比政治思想更深層，政治狂熱只是宗教狂熱的浮面。】

二、替天行道

政宗狂熱者頑執於實現天堂，因此，李天命指出：「真理使者更有一種最危險的特性，那就是要替天行道，要做救世主。」[134] 他們這種妄想替天行道、實現天堂的頑執渴求究竟還有何更深層的心理底因？李天命指出：「智者對人沒有主觀要求，只看客觀上合不合」。[135]「自我中心者，主觀閉塞，不客觀如實，不會從別人的觀點看」。[136]「瞎心眼對自己不乏同情的了解，對別人缺乏同情的了解，對一切都沒有如實的了解」。[137]「魔中之魔，就是心魔。心魔中的心魔，叫做**無底心魔**：其酸妒深無底，其虛榮之念深無底，其變態深無底，其自以為是深無底。合四歸一：其我念深重無底」[138]──「最頑執的渴求即最深層的暴露。」[139]

政宗狂熱者對於實現天堂有着最頑執的渴求，這種最頑執的渴求暴露出其最深層的無底我念，即極端的自我中心。此極端的自我中心令他們極端的主觀閉塞，結果對客觀現實一無所見，亦見不到他人，只「見到」自己心中的天堂。他們之所以會對世人作出種種恐怖迫害、血腥屠殺，正是由於他們那種對於實現天堂的頑執渴求，其實即是無底的我念，亦即是硬要要求世界依照自己意志而行的極端自我中心。因此，要進一步了解政宗狂熱的心理，就要進一步了解自我的心理。

勒龐指出：「現代心理學認為，無意識現象在精神生活中發揮着超乎想像的作用。」[140] 佛洛伊德亦認同「存在一種

不屬於意識範圍的心理過程」〔141〕，「自我分為兩部分，前一部分排斥後一部分，前者由自我中的良知以及批判能力組成。而且，自我觀察及壓抑作用，也是其功能造成的。……後者我們稱為『自我理想』，自我理想是原始慾望的延續，自我總是尋求自我理想中的滿足」〔142〕；「我們將自身心理劃分為一貫性的（有意識的）自我，以及被壓抑的自我，後者存在於自我外的無意識中。……那個被自我排除在外的部分，儘管一直被抵抗着，但仍會不斷敲擊大門，要求進入自我之中。」〔143〕

　　大致地說，凡人的自我都是主觀自我與客觀自我的混合體。主觀自我（自我理想／原始慾望／情感本能）只以自我為中心、只從自己的角度出發，因此是盲目不覺、無意識的；客觀自我（理智良知）能以他人為中心、能從他人的角度出發，因此是抽離自覺、有意識的。主觀自我與客觀自我是互相拉扯、互相衝突的。個人的主觀客觀乃程度之分，沒有正常人絕對主觀，沒有正常人絕對客觀。教育的理想即在智慧的提升：減少主觀增進客觀，以理智良知控制情感本能。越無智慧越主觀，越有智慧越客觀。客觀的極致就是解脫，主觀的極致就是狂熱。卡珀即指出：「（狂熱者）失去了區分主觀幻想與客觀現實的能力，失去了檢驗某些信念正確性的能力。……他們達成現實的方法可簡單總結為：努力為某些信念製造出酷似現實的假象。……他們共同懷抱一個信念：他們的幻想就是現實。」〔144〕

　　正是由於政治宗教牽涉到人們內心深處對於天堂地獄的好惡根源、情感本能，所以很多人在其他問題上都能保持客

觀的批判思維、冷靜應對，較能具備如實的了解；但在政宗問題上就會變成主觀的如願思維、激烈反應（故為「**敏感**」話題），他們只會看到他們希望看到的情況，而不會看到他們不想看到的情況，結果活在脫離現實、主觀幻想的政宗天堂地獄世界觀之中。正如正常人不會在（比如）煮食問題上抱有種種脫離現實的主觀幻想，但很多正常人都會在政宗問題上抱有種種脫離現實的主觀幻想。而當中最虛妄頑執的狂熱分子更加會到處「拯救別人的靈魂」、硬要建立自己心中虛妄的至善天堂。

　　主觀自我只以自我為中心，要求世界依照自己心意而行，妄想人人的想法跟自己一樣、可以為所欲為；客觀自我卻知道這是虛妄，不能任意妄為。社會得以正常運作，大體而言，皆因當時的人都能以客觀自我主導整個自我，壓抑或控制着主觀自我，不會純粹為了滿足主觀自我的慾望渴求而胡作非為。

　　但是，主觀自我儘管被壓抑着，「但仍會不斷敲擊大門，要求進入自我之中」，當客觀理智失守，被主觀慾望主導甚至支配整個自我時，往往就會犯罪。正如佛洛伊德指出：「*人類的所有罪惡都被視為一種傾向，被涵蓋在無意識之中。*」[145]不過，即便是連環罪犯或是極度重犯也及不上政宗狂熱罪犯；政宗狂熱才是「正宗」狂熱──不是「正宗北京填鴨」那種自封的「正宗」，而是關乎狂熱本性的那種「正宗」。

　　智慧解脫乃客觀的極致，政宗狂熱乃主觀的極致：極端自我中心──他們的自我中心才是自我中心的最深本質，佛洛伊德指出：「*在狂熱狀態中，自我理想支配自我，處於這種自*

滿情緒的人，不會自我批評和關心他人。」[146]政宗狂熱者之所以「不會自我批評和關心他人」、只從自己的角度出發，硬要要求世界依照自己的意志而行、想要成為世界的中心、人人聽命於他，並非為了「一己私慾」，而是為了實現人人得救的「天堂」。因為他們認為只有自己的想法才是世界上最完美無瑕、無可挑剔的——「實質而且必然」的——「**其自以為是深無底**」。他們自以為代表真理、代表公義，因此他們要替天行道、實現「天堂」，這是「理所當然」的。換句話說，他們被那種要求實現以自我為中心的、以一己的是非標準等同於天道或上帝的「**絕對的**」是非標準的、因此人人都會得到「真正的幸福」的「至善天堂」的主觀自我支配了整個自我。正如佛洛伊德所言：「在狂熱的愛中，客體（即天堂幻妄）取代了自我理想（即主觀自我）。我們愛它，因為它就是自我理想所追求的完美形態，因此客體只是自我理想的投射，對客體的愛其實就是以一種迂迴的方式滿足我們的自戀。陷入狂熱的愛的狀態，可被描述為『入迷』或者『奴役』，因為客體已經處於自我理想的位置上支配自我，自我（即客觀自我）逐漸被消蝕殆盡，最終讓自己委身於客體（即自以為是的天堂幻妄）之中。」[147]而當中那些最最極端者，甚至會自視為天、自充為神哩。因此不論犯罪與否，他們的一言一行都是「**不為私利、只為公義**」，為了替天行道、革命救世。只要跟隨這些「正義革命救世主」，必可進入天堂享受永福。政宗狂熱者如是說。

　　縱觀人類一切思想之中，「最高的指引」同時亦是「最

癡的妄執」就是「替天行道」——渺小微塵竟然妄想替天行道，這是宇宙間最大的笑話。不過，他們卻會認為自己非常偉大——「**我在憂心天下**」——實則只不過是他們極端的自我中心，導致其主觀自我無盡的膨脹——將一己的主觀好惡膨脹成天下人的普遍好惡罷了。

解脫心境：放下自我順應天道。
狂熱心態：自我膨脹替天行道。

三、無瑕幻妄

李天命指出：「修養自己減輕我念，以消解自我中心的愚癡，當然很好，但要百分百破除我念，追求徹底無我，卻是極大的虛妄——搞來搞去始終還是擺脫不了的就是這個『我』在追求『無我』」。[148]「倘若不容許有一刻鬆懈，不放過偶有一點『墮落』，結果不是變得虛偽就是變得瘋狂。情意結特多的宗教狂熱者和道德狂熱者，往往就是這樣的人。這類人經常板起面孔，彷彿大義凜然，實則矯揉造作，無趣而難相處，缺乏幽默感。」[149]

人有美善的一面亦有醜惡的一面，有心追求美善去除醜惡是好事。但是當人們過分執着於消除所有的醜惡、追求絕對的美善，反成另一極端的醜惡——極端的頑執。同理，社會由

人所組成，自然亦是既有美善亦有醜惡的，但是當人們過分執着於消除社會所有的醜惡、追求絕對的美善天堂時，反成另一極端的極權地獄。

頑執者了解到，煩惱出於自我中心的心魔，所以他們認為必須殺死心魔才能根除煩惱。然而要將心魔徹底剷除，結果就是徹底地變成心魔——極端妒恨、極端頑執。政宗狂熱者了解到，現實社會有缺憾，而這些缺憾為人們帶來痛苦，因此他們認為要根除痛苦必須改變世界——將世界改造成一個沒有缺憾的完美天堂。然而所謂的「天堂」，根據定義就是一個完全沒有邪惡的美善國度，要創造天堂，即無可避免地要將一切所謂的「邪惡」壓制甚至消滅、半點不留。要將「邪惡地獄」徹底消滅，即會造成另一個「邪惡地獄」。正如李天命說：「*妒恨絕悲憫，不容百失一。趕盡情殺絕義，摧毀人生。是最殘忍事的最深根底，是最愚痴事的最大魔緣。*」[150]

換句話說，天堂幻妄如同無我幻妄，皆植根於無瑕幻妄——兩者皆不容許有任何污點、任何墮落，所有事情都要在控制範圍之內，絕不可以有任何unexpected的情況發生。

人世間最恐怖的境況並非沒有半點美善的黑色恐怖，而是沒有半點醜惡的白色恐怖。因為那些政宗狂熱者之所以認為自己可以並且需要實現完美無瑕的至善天堂，只不過是出於他們自以為完美無瑕——即「自以為是」的主觀心魔的自我催眠罷了。李天命即指出：「*自以為正義神聖的魔鬼，是魔鬼中的魔鬼*」[151]——「**其變態深無底**」。

「我們都不是完人，總有悖理虛假的成分。重要的是存有這個自覺，且有自強不息的向上之念——既意識到永遠都有墮落深淵的可能性，同時又具備從深淵超拔出來的勇氣。不過，人世間恐怕並無一勞永逸的超拔。墮陷，躍起，再墮陷，再躍起……這也許就是人生。」[152]李天命說。同理，人世間恐怕並無一勞永逸的變革。腐敗，改革，再腐敗，再改革……這也許就是現實。因此波普爾指出：「反烏托邦的或反整體論的社會工程學方法，使我們轉而要求各種措施應該是設計來針對各種具體的惡，而不是建立終極的善。」[153]

　　　　解脫心境：恰如其分不鬆不緊。
　　　　狂熱心態：無瑕幻妄白色恐怖。

四、空前絕後

　　對於上述政宗狂熱的心理底因，有一個可謂空前絕後的實例可茲印證。這個「狂人」並非寂寂無名的凡人，而是鼎鼎大名的、奠定西方哲學傳統的三哲之一的、建立「理形論」、創著《理想國》的——柏拉圖。

　　波普爾精密地剖析了柏拉圖建立「理想國」的心路歷程：「『這個小圈子裏的人（這是柏拉圖的自白）……能看清多數人的瘋狂和世界的腐敗。哲學家……就像一個身居野獸籠中的

人。他不具備許多人都有的不正義，……他被困於一個野獸的世界』」。[154]「他（柏拉圖）相信自己的時代是一個腐敗深重——或許是所能表達的最深程度——的時代，先前的整個歷史都受到腐敗的趨勢支配，……不過他相信通過人為的，或更確切地說是超人的努力，可以克服這個致命的歷史趨勢，終結腐敗。……他實現這目標的方式，是建立一個沒有其他所有國家的邪惡的國家，它不變化，它不腐敗。沒有變化和腐敗之惡的國家是至善至美的。」[155]——這不是「**憤世嫉俗妄執天堂**」的心態是什麼？

波普爾指出「柏拉圖發展了哲學家的統治權論點」：「要使國家穩定，它就必須是國家神聖理形的真實仿製品。然而只有哲學家徹底精通最高層次的思想，他能夠看見，並仿製神聖的原物。……哲學家『熱衷於看到真理』，……『和神意有交流的哲學家』……像一位畫家，把『神意作為自己的楷模』。只有真正的哲學家才能『描繪出理想國的平面圖』[156]，「『如果其起草人不是把神作為他們的楷模的藝術家，就永遠不會懂得幸福』」。[157]「當柏拉圖談到人類蔓延的邪惡時，他在暗示一種理論，……如果沒有那些在對優生學這至關重要的學科裏受過訓練的『名副其實的哲學家』，國家將迷失方向。……柏拉圖告訴我們，退化了的統治者所犯的最大也最致命的過失之一，就是失去了對優生學，對監管、檢驗、提純人種的興趣：『這樣一來統治者將被告知，他將不再適合統治者的任務；也即監管、檢驗、提純人種的任務。』……因此我們發現，通曉

真正的統治奧祕、掌握其鎖匙的，除了柏拉圖外別無他人。這就意味著：哲學王就是柏拉圖自己，而《理想國》就是柏拉圖本人對神聖權力的渴求——他認為這種權力非己莫屬。」[158]——這不是「**自我膨脹替天行道**」的心態是什麼？

　　「哲學王的統治，……足以終結社會生活中的邪惡；終結國家中蔓延的邪惡，也即政治不穩定性及其潛在的根源，人類種族成員裏蔓延的邪惡，也即人類的腐敗。」[159]波普爾認為，「柏拉圖這段重要的話被公允地視為整部《理想國》的核心」：「『除非，在我們的國家裏，哲學家被授予王權，或者國王成為名副其實的哲學家；除非統治者和哲學家合二為一——而現在許多隨波逐流、得此失彼的俗人應由暴力加以鎮壓——除非這樣的事情發生，否則的話，將永無寧日；邪惡將繼續蔓延整個國家。』」[160]——這種對於終結邪惡的歇斯底里的宣述不是「**無瑕幻妄白色恐怖**」的心態是什麼？

　　波普爾認為：「柏拉圖的想法的這種掃蕩性，這種極端的激進主義，是同它的唯美主義聯繫在一起的，……當被問到製圖術的細節時，柏拉圖答覆：『他將把國家和人民作為他的畫布，而且他將首先把他的畫布擦淨——這絕非易事。但是，你知道，這正是他與所有其他人的區別所在。』……他必須根除現存的各種制度和傳統。他必須採取清洗、驅逐甚至殺戮的手段。柏拉圖的陳述的確是對所有形式的激進主義——唯美主義的決不妥協的態度的真實寫照。」[161]

　　因此波普爾這樣總結：「他的『理想國』期望是徹頭徹

尾的極權主義。」[162]

不難發現，很多虛構故事都是以某個個人想要替天行道、實現天堂作為創作藍本，其大綱不外是「主角覺得人心腐壞了、世道淪亡了；然而只有主角自己才掌握住天堂的形態、幸福的鎖匙；而且只有主角自己才擁有超人的能力終結邪惡……」正如大熱日漫《死亡筆記》的橋段一樣。

這些虛構的或現實的個人——即政宗狂熱者，都有種「空前絕後」的心態，他們一方面要排除前人所建立的一切（空前），同時認為只要經過他們超人的努力就能一勞永逸地進入永恆的天堂（絕後）；簡言之就是要**革命**。何以如此？其理由簡單不過——因為只有他們那種「完美無瑕」的想法才值得存在於世，其他人的想法無非都是有瑕疵的、不值得存在的。總括而言，每一個政宗狂熱者都會認為自己是人類歷史上一個「空前絕後」的存在。

【在所有政宗狂熱者之中，柏拉圖絕對是個「空前絕後」的實例，羅素即指出：「在柏拉圖的一系列學說中，有些並非來自前人，其中就有他的『理形論』」[163]；「建立一個理想國，這是人類歷史上最早出現的烏托邦思想。」[164] 由此可見，由「理形論」所衍生的「理想國」天堂思想絕對是空前絕後的（而且是典型的混淆虛實的真理幻覺）；進一步言，「『不管富人還是窮人，只要他有病就應該對醫生趨之若鶩。同理，那

些被統治的人應該圍在有能力的統治者周圍。如果一位統治者有真本事，他就根本用不着乞求他們接受他的統治。』……哲學家不能有野心，『儘管注定要統治，他卻是最不想統治的人』。他並不渴求統治，但作為一個天生的統治者與拯救者，他隨時準備出馬。可憐的百姓需要他。如果沒有他，國家必將毀滅，因為只有他才知道怎樣維繫它。」[165] 從以上由波普爾所洞悉了的柏拉圖那種對於天堂理想國的統治權的自信與姿態來看，柏拉圖恐怕也是所有自以為是「空前絕後」的政宗狂熱者之中最「空前絕後」的一個了。譬如現今那些不學無術的、認為「這個世界越來越荒謬」、自以為是人類思想最先進的「民主鬥士」，根本不能超越兩千年前的柏拉圖，甚至不能望其項背。】

歷史告訴我們，政宗狂熱者這種「空前絕後」的虛妄心態，往往都會造成切切實實的「空前絕後」的可怕慘況，波普爾即警告：「假定徹底重建我們的社會將會立即帶來一種可行的體制，這是不合理的。……只有通過一種持久的調整過程，才可能消除這種錯誤；……但是，那些因其不夠徹底而不喜歡這種方法的人，……幾乎不能逃避他們的掃蕩與暴力並不合理的批評。唯美主義與激進主義必然引導我們放棄理性，而代之以對政治奇蹟孤注一擲的妄想。這種非理性的態度源於迷戀建立一個完美世界的夢想，……但它總是訴諸我們的情感而不是理性。即使懷着建立人間天堂的最美好願望，但它只會成功地創造出人間地獄。」[166]

II　狂熱之象

　　政宗狂熱往往表現成群體狂熱；群體狂熱最能表現個人狂熱。群體狂熱不單源於個人狂熱，還會因為群體心理機制而將個人狂熱的特徵極致放大。如上所論，政宗狂熱的心理底因是極端的自我中心，而自我中心這種共性亦正是人類的「群體本能」。佛洛伊德指出：「群體本能……是願望未被滿足的一種表達，……一群追捧偶像的人，都喜歡在偶像表演完結後，圍着他團團轉。顯然，他們之間很容易產生嫉妒。……心理學上後來出現的『群體心理』現象正是起源於這種嫉妒。」[167]

　　人們之所以喜歡追捧偶像，是因為偶像已經成為了群眾的中心、甚至世界的中心，若果得到偶像的接納，甚至能跟偶像建立密切的私人關係，就等於令自己也成為世界的中心。而這種自我中心的渴求人皆有之，因此很多擁躉之間都會暗自競爭、互相嫉妒。換句話說，想別人跟從自己而成為群眾的中心、世界的中心的渴求正是人類的群體本能。因此，從群體狂熱的現象往往能更深入地體察到政宗狂熱的種種徵象。

一、羊群獨裁

政宗狂熱群體是心理群體的一種，先看以下心理學家對心理群體的初步論述——

勒龐指出：「沒有任何明確的目標，不算是心理學意義上的群體」。[168]「心理群體總是無意識的，但也許就在這種無意識中間，隱藏着它力量強大的祕密。」[169]

佛洛伊德指出：「群體中人都將同一個客體置於其自我理想的位置上，而且彼此之間互相認同。」[170]

拜昂指出：「群體被強大的無意識幻想支配，群體的目的是實現幻想。……群體的成員常會體驗到強大、親密、充滿神聖感的情感氛圍。」[171]

首先，如上所論，政宗狂熱就是天堂狂熱，因此對於政宗狂熱群體的那個「目標」、那個「客體」、那個「幻想」就是實現「天堂」的「理想」，亦因此必定是「神聖」到不得了的。至於「強大」與「親密」的氛圍則會在之後的分析論及。

（1）無我唯我

政宗狂熱者都是羊群而獨裁的，這種一體兩面的性格表

現出「**無我**」而又「**唯我**」的群體心理機制。這是一種複雜的心理機制，且看以下心理學家的論述——

　　卡珀指出：「烏合之眾或暴民群體中的個體沒有明顯的『自我感』或『感到自己與別人不同』，他們因此缺乏該有的思想交流。」[172]

　　卡內蒂在參與工人遊行抗議時有以下真切的體驗：「當我成為群體一分子時，我變得徹頭徹尾的服從，服從群體，沒有一點個人意志，對群體行為沒有一絲抵觸。……我一直被群體推着走，迷失其中，忘卻自我。……一切感受好像既遙遠又充實；那種感受既真切，但又不是為自己而感受，在那個瞬間，我沒有自我，變得無我、無私。」[173]

　　薩特指出：「個體的群體經驗常令個體自我感喪失，取而代之的是那個追尋理想或幻想的群體自我。」[174]

　　勒龐指出：「聚集成心理群體的人，他們的感情和思想全都採取同一方向。他們自覺的個性消失了，形成了一種集體心理。它無疑是暫時的，……受集體心理統一定律的支配」[175]「群體給自己的理想賦予了偏執和專橫的性質。個體可以進行討論，群體卻是絕對不會的。在公眾集會上，哪怕有人做出最輕微的反駁，立刻就會招來怒吼叫罵。……假如現場缺少當權者的約束因素，

反駁者往往會被打死。」[176]

拜昂指出：「群體成員彼此的心理融合使他們無法感知到自己和他人的差異性，……他們彼此的思想高度一致，共享同一主體性」[177]；「（群體）是排外的，無法支持或參與其中的人將被排斥甚至驅逐。」[178]

佛洛伊德指出：「對不屬於群體的個體而言，他擁有明顯的自我感，例如自己的身份、傳統、習慣，以及獨特的價值和立場，這讓他與別人保持距離，然而當他進入群體時，他卻會失去上述特質」[179]；「當個體進入群體的時候，他的自我抑制就會削弱，那些潛伏於其內心深處的：無情的、非理性的原始慾望就會同時被喚醒並尋求滿足」[180]；「個體之間必須具備共同性，如對某個對象都感興趣或情感偏好，……這種『心理同質性』的程度越高，個體之間就越容易形成心理群體，群體心理現象也越明顯。」[181]

以上那種既複雜又怪異的群體心理現象，皆源於人們主觀盲目的自我中心的根本特質。如上所述，一般人對政治宗教都帶有根深蒂固的主觀偏見，對其接受與否，很大程度並非建基於客觀理性而只在於主觀好惡。換句話說，他們所抱持的政治理念或宗教信仰深藏高度的盲從盲信，令他們活在主觀幻想的政宗天堂地獄世界觀之中。

基於這種主觀偏見，一般人只會質疑批判他們所不接受的政宗思想及其追隨者，而鮮會質疑批判他們所接受的政宗思想及其追隨者。因此，人們自覺或不自覺地對他人作出了先天的敵我之分：**同道即友、非友即敵**；偏執越深，敵我矛盾越深、越不相容。亦基於此，人們只希望遇到同道，不希望遇到敵人。當在不同場合遇到志同道合即抱持相同政宗思想的人，不論各人的背景如何不同，即便是智力、學識、性格的差異多大，都會覺得份外「親切」、「親密」。

進一步言，當一大班志同道合者聚集在一起時，譬如政治集會、宗教團契之類，由於他們由一開始已經「知道」（其實只是主觀想像）大家安身立命的根本思想本就一致，甚至互相認同為正確無誤，為了互相滿足共同的主觀政宗天堂世界觀，就更加會將批判意識降至最低，不會有任何爭議，極致地同聲同氣（「缺乏該有的思想交流」）；同時亦會極大地配合整個群體、跟從大隊行動。因為大家都希望身處一個期待已久的、人人言行一致、以自我為中心的共同的主觀政宗天堂世界。而以上所論，就是各人皆具備的以自我為世界中心的主觀自我所內藏的群體心理機制。

如前所述，由於政宗狂熱者本已被主觀自我主導甚至支配整個自我，再加上在上述這種群體心理機制的控制之下，當他們聚集成群時，他們各自的「共同的」主觀自我往往會因此合而為一，「共享同一主體性」，都以同一個主觀自我即「群體自我」為我——狂熱群體的各個自我因此而喪失「自我感」，

同時亦喪失獨立思想，變得「無我」、「無私」（因此狂熱的群體感受往往「既遙遠又充實；那種感受既真切，但又不是為自己而感受」），完全接受群體操控而跟風發作：包括穿着相同的服飾、攜帶相同的道具、做出相同的手勢等，以表示自己已經晉身成為天堂使者、加入救世行列，這樣就能令那個以自我為中心的天堂世界得以高度的實現。

　　那是由於那個以自我為中心的天堂世界，對於在非聚集時的、各自分散時的個體來說，現實世界始終是千差萬別的。除非擁有電影動漫裏面那種超人的力量，否則單靠個人的力量根本無法將現實世界扭轉成自我中心的天堂世界；唯有最大程度地、絕對地融入大型群體、以群體自我為我方能實現。反過來說，由眾多自我所融合而成的群體自我，為了將千差萬別的自我結合為一個高度一致的、以統一自我意志為中心的意志，必不容許獨立思想。因此他們會向內互相支配、保持同聲同氣、不會有任何異議——**羊群**；同時向外支配他人、迫人同聲同氣、不准有任何異議——**獨裁**。在他們看來，所有人都必須放棄那個狹窄的自我，而應該融合為同一個自我、一個大我、一個符合天道或神意的自我，以實現那個沒有半點差別、沒有絲毫污點的完美天堂。

　　總括而言，政宗狂熱者那種**無我**的群體心理機制，最終就是要達到上天下地**唯我**獨尊、「偏執而且專橫」、所有人絕對一致的群體心理——即那種極端自我中心的心理底蘊。

【很多野心家就是了解到這種群體心理機制的人性弱點，於是想盡辦法大搞遊行集會，令人喪失自我、聽命於他，同時唯我即「唯他」獨尊、得勢掌權。】

（2）善惡主宰

勒龐指出：「心理群體表現出來的情感不管是好是壞，其突出的特點就是極為簡單而誇張。……群體情緒的誇張也受到……傳染過程而非常迅速地傳播。……群體感情的狂暴，……又會因責任感的消失而強化。……群體僅僅能夠把感情提升到極高和──或相反──極低的境界。」[182]

政宗狂熱者被主觀情感蓋過客觀理智，甚至有些支配了整個自我，喪失了理智的約束，自然會將不論善惡愛恨的情感表達極致放大──「簡單而誇張」。而更重要的是，他們已經失去了平常心，對事情的變化會極度神經兮兮而缺乏幽默感，很小的事情都可以導致他們有天堂在即的狂喜或者如臨地獄的絕望。再加上狂熱群體要求各個成員的思想情感高度的一致，因此群體情感會進一步因為這個統一機制而「迅速傳染」，進而表現得更加暴烈，有如物理學上的共震效果。因此「群體僅僅能夠把感情提升到極高和──或相反──極低的境界」。顯然，這些暴烈情緒的背後往往都沒有事實根據，只是出於他們的神經過敏。他們卻以為這種神經過敏等於思維上的敏銳。

勒龐說：「心理群體可以轉瞬之間就從最血腥的狂熱暴

101

力變成最極端的寬宏大量。」[183]勒龐以法國九月慘案為例，1792年9月，巴黎的群眾衝入福斯監獄殺死大量囚犯，「*群體殺了大約三百人，……他們擠進一間辦公室，既當法官又當執行人，……他們決定把貴族、僧侶、官員和王室僕役一律處死，……他們的善心常常和他們的殘忍一樣極端。……『當一名囚犯被（臨時法庭）宣告無罪後，包括衛兵和劊子手在內的所有人都高興地與他擁抱，瘋狂地鼓掌』，……他們拒絕佔據囚犯的錢財和首飾，把這些東西全都放在會議桌上。*」[184]

如同香港19的暴亂時期，既發生過多次示威者毆打無辜市民的殘酷事件，又出現過大批示威者在遊行期間為了讓救護車順利接載傷者而一同讓路的寬大行為。

很多人都對政宗狂熱者這種既凶殘邪惡但又正直善良的極端相反的「道德觀」感到莫名其妙：究竟政宗狂熱者是善是惡呢？人們之所以對此感到奇怪，是因為一般人都仍然以平常的角度去衡量其道德善惡，但若果代入他們那種主觀獨斷的角度去看就會發覺那是「正常不過」的了──

在政宗狂熱者眼中，不論殺人還是救人都是「善」的表現，都是為了實現天堂──一個完全由他們主宰的天堂。在此天堂裏，他們愛你就會救你，他們恨你就會殺你，而不論是愛是恨，其實都是出於他們對於實現天堂的那份終極的「善」──因為在天堂使者（即**獨裁者**）眼中，一切行為都是為了人類的好處。正如佛洛伊德指出：「群體所產生的衝動可能是慈悲的、殘忍的、英勇的、懦弱的，但它們卻總是獨斷專橫的。」[185]

（3）集奴意志

　　波普爾指出，柏拉圖一早就言明了這種羊群獨裁的思路：「柏拉圖把《理想國》描述為『國家的最高形式』。……『在我們的生活當中要儘可能地根除各種形式的個人行為。……所有人都要被格式化，讓他們能最大限度地全體一致地嬉笑怒罵，讓他們能在相同的時間對相同的事情感到欣喜或悲傷。……沒有人能發現比這個原則更好的關於國家最優化的標尺了』」。[186] 總之「『部分為了整體而存在，但整體並不為部分而存在』」[187]；「『一切當中最為重要的原則是，……統治別人及被別人統治的習慣。』」[188]

　　這種政宗狂熱者所崇尚的集體主義表明，所有個體都是為了集體天堂而生，而不是集體天堂為了每個個體而生。所以在天堂裏，一切的個人意志、自覺反省都是絕不容許的。因此每個個體都必須首先放棄自己的客觀思維能力，即自覺反省、懷疑分析等能力——**羊群**；同時強迫其他個體放棄其個人意志、獨立思想——**獨裁**。唯有集體主義即羊群獨裁才能達至天堂——因為只有這樣才能將千差萬別的意志結合為一個統一的意志。如此，所有事情才都會符合「己意」、所有言行都會以「自己」為中心、絲毫不差。這個既屬於個人亦屬於眾人的集體天堂，其本質就是一個極權地獄。

　　正如勒龐即如此刺破狂熱群體的心理盲點：「如果以為群體中的革命本能處於主導位置，那是完全的誤解。在這件事上使我們上當的，不過是他們的暴力傾向。當對他們撒手不管，

他們很快就會對混亂感到厭倦」[189]；「在群體的靈魂中佔上風的，並不是對自由的渴求，而是當奴隸的慾望。」[190]

分析到最底，不難理解，要切切實實實現一個以自我為中心的完美天堂，唯一的可能性就是義無反顧地完全服從於群體，向內奴役自己，對外奴役他人，摧毀一切個人意志，建立一個整體而且統一的奴隸意志。只有這樣一個奴隸意志，才會將**明明的地獄**看成是**白白的天堂**。

必須記取，政宗狂熱永遠處於主觀盲執的自我纏縛狀態，而不是智慧解脫的自我解放境界。

小結：無底我念

羊群自卑、獨裁自大，羊群獨裁其實是一體的兩面，因為自卑自大乃是一體的兩面。主觀心魔既自卑又自大，因為越要成為世界中心的人越是自卑同時越是自大。政宗狂熱的極端自我中心就是極端的自我萎縮與極端的自我膨脹。

一語總結，以上一切心理機制，皆源於無底心魔深重無底的**我念**。

二、我族至上

李天命指出：「推使人類向前的最大原動力，就是追求

高人一等的虛榮心」。[191]「當自大狂表示自己是為上帝服務、為民主獻身、……為了拯救世人的靈魂……的時候，其心態可以這樣表達：『**我**為上帝服務』，『**我**為民主獻身』，……『**我**為了拯救世人的靈魂』……」[192]

世上有各種種族至上主義，而政宗狂熱卻是不分種族的、比各種種族至上主義更高人一等的我族至上主義。各派的政宗狂熱者都必定認為自己一族才是最先進、最道德、最公義、最高級兼且最神性的一族。正如李天命指出：「在『替天行道』的過程中，真理使者就代表天，代表道，亦即代表絕對真理。到躊躇滿志忘乎所以的時候，甚至還會自視為神哩。」[193] 此事不難理解，因為各派的政宗狂熱者都認為只有自己才真正掌握天堂的奧祕，那麼自然就是人類之中最至高無上的了——「**其虛榮之念深無底**」。

這種我族至上的虛榮之念還會表現成各派政宗狂熱者都共同擁有的獨斷排斥性，正如佛洛伊德提出了深通狂熱分子的人性的預言：「儘管基督教宣稱自己是愛的宗教，但對於那些沒有歸依其中的人來說，卻是冷酷無情的。……就算另一種群體取代了宗教，一樣會發生類似宗教戰爭那種偏執狹隘的排外情況。」[194] 如上所述，不論是政治方面還是宗教方面的狂熱者，其狂熱的根底都是妄執於人人得救的無瑕天堂，結果卻是抱持狹隘排外的極權主義，因此他們總是以「大愛」、「公義」、「人權」、「平等」之類最為偉大無私的思想作為旗幟，但其實質的行為卻是最狹隘排外、冷酷無情的。

譬如某些宗教狂認為，只有部分人配上天堂，其他人不配、要落地獄，而其中的根據卻是「神是無條件的愛」——這種「無條件的愛」竟是有排斥性的。他們到處宣揚創造萬物的上帝擁有無條件的愛，但若果你不相信，你就會被其「無條件的愛」打落地獄。

　　又如某些政治狂認為，只有部分人配有民主，其他人不配、要被排除在外，而其中的根據卻是「人權自由」——其「人權自由」竟是有排斥性的。他們到處宣揚人人都應當享有相同的人權自由，但當你運用你的人權自由運用得不符合他們的心意時，他們就會對你訴諸謾罵、恐嚇甚至暴力，換言之就是不容許你享有跟他們相同的人權自由。

　　以上的「大愛天堂」、「民主天堂」之所以會有自我推翻的獨斷排斥性，就是因為當中的狂熱者不能接受他們心目中的理想天堂會有污點：任何污點、任何異見、任何在他們預期之外的事情，在其無瑕天堂裏都是絕不容許的。因此，「**信我上天堂，不信下地獄**」——即「**順我者生，逆我者亡**」——就是一切政宗狂熱者的共通信條，最能體現其天堂狂熱的獨斷排斥性。而這種獨斷排斥性往往同時夾雜了我族至上的虛榮之念，因為各派的政宗狂熱者都自以為高人一等，都是以自己為至高無上、唯我獨尊的，因此自以為可以自命主宰。試看以下實例——

　　《蘋果日報》一篇題為〈教宗對港沉默「有苦衷」〉的報導這樣說：「**教宗方濟各去年底在新書《讓我們夢想》（Let**

Us Dream）中，曾替受中國打壓的維吾爾人發聲，但未對香港情勢發表評論。方濟各去年7月亦被揭發在一次演說前，臨時刪去涉及香港的段落。」[195] 所謂「被揭發⋯⋯臨時刪去涉及香港的段落」的說法暗含批判性，似乎意味教宗「必須為香港發聲『但未對香港情勢發表評論』」。但問題是，難道教宗是沒有言論自由的嗎？教宗選擇說些什麼不說些什麼需要外界的審核的嗎？正如傳媒有言論自由一樣，媒體有權報導些什麼不報導些什麼，有時亦會因為版位所限而要臨時抽起某些新聞不去報導，那麼我們是否可以說「《蘋果日報》『被揭發』臨時刪去（比方）涉及某些示威者打人的段落」？這樣的說法有沒有誤導成分？

事實上，在《蘋果日報》的FaceBook專頁中，幾乎所有網民的反應都是一致地對教宗的「沉默」表示不滿，隨手徵引一些如下——

「君子喻於義，小人喻於利。知唔知咩叫義所當為呀？學人講道！？如果計效益唔計信念，你應該去做生意，而唔係搞宗教。收皮啦你！我想嘔呀！願主打＿你。」

「個苦衷咪就係錢囉，教宗記得帶多啲上天堂。」

「we all can tell he is the devil from hell by looking at his f__king face.」

「香港的事，佢縮左去邊？」

「即係教會唔係做啱嘅野，只係做有效嘅野。」

「教宗？又係中共打手，可憐到一個點。」

「天主教根本就係萬惡根源，成日講到自己幾＿正義。根本就係掛個名嚟呃你錢，全部都係合法嘅詐騙集團。」

「嗡乜＿呀？講野前組織下，神俾少左個腦你？」

「如果個『苦衷』係真，呢啲叫懶惰，因為你連最小嘅事都唔肯做；如果係假，你係以教廷名義講大話，罪加一等。」

「香港手足好唔高興，不排除會到梵蒂岡大肆抗爭，用汽油彈和鐵鎚幫聖伯多祿大殿徹底裝修，到時唔好怪手足兇殘，做人要醒目啲，唔好要手足唔高興。」[196]

　　教宗對港沉默，就惹來很多香港的「民主鬥士」的謾罵、恐嚇，他們所謂的「民主」、「人權」、「自由」無非就是要人同聲同氣：說同一樣的話、做同一樣的事，而這點就是上面分析過的羊群獨裁、集奴意志。另一方面，他們以上的言論除了顯示出霸道排他之外，還顯示出他們之為港發聲，就具備了高人一等的道德標準了（如所謂的「君子喻於義，小人喻於利。知唔知咩叫義所當為呀？」）。他們的一言一行，包括他們對別人每一次的謾罵、每一次的襲擊，都是最公正公道、最不偏

不倚的。因為在天堂使者那種「完美無瑕」的思想中沒有半點醜惡，這就更表示天堂使者代表了公義──他們獨斷地代表「公義」──他們本身就是「公義」了。他們以為，對不公義沉默就是不義，然則，世上每天發生無數不義之事，他們全都發過聲了嗎？有可能嗎？愚人就是察覺不到自己的想法是自我推翻的。因為思想封閉的政宗狂熱者「對一切都沒有如實的了解」，只有他們眼中的不義之事才是不義的。

政宗狂熱者除了會有以上這種「公義」上身之外，以下幾個更加顯示出至高無上的神性哩──

「羅馬教廷甘願與魔鬼為友，與神為敵，相信神是公義公正，自有祂的審判。」

「噢，原來上帝的僕人是如此軟弱。主啊，求你把祂們送去永恆火湖，讓祢的公義如太陽般彰顯。」

「一個寧願與惡魔簽訂契約，也不為受迫害的一方發聲嘅所謂教宗！咁嘅行為絕對背棄咗佢所侍奉嘅神，佢更加無資格話自己係神嘅僕人！」[197]

如上所述，一方面認定「神是無條件的愛」，另一方面又批評別人「與神為敵」、「背棄神」、「無資格做神的僕人」，這是明顯的自打嘴巴。退一步說，一個凡人究竟憑什麼可以批

評別人「背棄神」呢？除了是由於極端自我萎縮所反彈而成的極端自我膨脹到近乎自充為神的我族至上的虛榮心態之外，還有什麼可能性？

然而上面那些批評若是出於教徒之口則尚可「理解」，但這次卻是出於不信者的陣營，他們竟然也會用相同的「信念」去批評那些本來就是「神的僕人」的人，何以如此？無非就是因為在他們眼中「為港發聲」才符合神意，「對港沉默」就是違背神意了。這種想法不單反映了他們跟那些宗教狂一樣也有我族至上的虛榮心態，還同時印證了「政治狂熱只是宗教狂熱的浮面」——當政治狂熱去到極致時，也離不開宗教狂熱的色彩——他們認為自己可以揣摩神意、替神代言，甚至可能已經自充為神哩。

總括來說，政宗狂熱的我族至上心態，最終都會訴諸上帝的審判——他們自充上帝的獨裁審判。正如波普爾說：「選民說是種種形式中最樸素和最古老的一種說明：上帝挑選一個族群作為祂意志選中的工具，這個族群將獲得塵世。」[198] 而李天命則諷刺道：「宗教笑話於清醒的人有娛樂性，於愚妄的人則有興奮劑效應，覺得自己高人一等：『我所信的神比你所信的神高級，因此，我比你高級！』甚至覺得自己偉大得不得了：『本人奉那位至高、獨尊、唯一的創造宇宙者之名，傳道救世。』頗有一股庸人扮天使的迷幻亢奮感從胃囊上湧。」[199]

當今之世，哪類人覺得自己一族至高無上、在傳道救世的呢？

【李天命說：「法官主持法律審判，恐怖正義分子自告奮勇要主持道德審判。……狂熱教徒……最熱衷於對別人而不是對自己進行道德審判。恐怖正義分子所嗜好的道德審判，其背後最大的原動力，就是嫉妒。正義掛在嘴邊，嫉妒隱藏在心底裏。」[200] 虛榮與嫉妒是一體的兩面：當政宗狂熱者自以為高人一等，甚至至高無上的時候，同時就會嫉妒那些在他們眼中低人一等的非我族類者，即異見人士——「**其酸妒深無底**」；當他們自以為別人低人一等，因此嫉妒對方的時候，往往就會認為對方可以被他們任意審判、肆意踐踏，甚至迫害、殘殺的了。（參上述：「妒恨絕悲憫，不容百失一。……」）】

三、操控幻妄

李天命說：「獨裁狂迷每多『救火歇斯底里』發作。民主狂迷每多『救世歇斯底里』發作。」[201]（獨裁和民主的理念或制度，不僅限於社會政治方面，宗教團體的體制一樣牽涉到。）

政宗狂熱者總是傾向於規範整個社會生活。波普爾指出，政宗狂熱者「好像都對變化着的社會此一經驗——常常是令人害怕的、有時還被描寫成『社會崩潰』的經驗——有着深刻印象，甚至深感惶恐」。[202] 他們甚至會訴諸一種「社會密謀理論」：「即認為社會中發生的一切——特別是戰爭、失業、

貧困等人們照例不喜歡的事情——是由一些有權的個人或集團直接設計的結果。……真誠相信他們知道如何創造天堂的人，多數都採納這種密謀理論，並捲入一場反對並不存在的密謀者的反動密謀。因為對他們沒能創造天堂的唯一解釋，是惡魔的邪惡意圖的作祟，這些惡魔對地獄有極大的興趣。」[203]

此事不難理解，因為政宗狂熱者的天堂幻妄無非出於自我中心，即是要世界跟隨他們的心意而行，因此反過來說，他們最厭恨最懼怕的地獄形態就是這個世界的變化完全不跟隨己意——甚至連自己的一舉一動一思一想都是受到他人的操控的。正是由於這種對「被絕對操控的地獄」的恐懼以及對無瑕天堂的妄執，他們的革命救世計劃即創造天堂的計劃必須是一次過且終極性的、一步登天的；而且最最重要的是，必須要將「被絕對操控的地獄」給予全面且相反的「絕對操控」：「變化應當嚴格地而完全地加以控制、甚至遏止。因為在不是如此加以控制的社會生活的任何一部分，都可能潛伏着有造成不可預見的變化的危險力量。」[204] 波普爾說。因此他們總是以為有種「實質而且必然」（即其反面情況必不可能）的天堂理論可以為他們帶來一個將一切污點予以「絕對操控」的無瑕天堂。

然而這種「絕對操控」是極端荒謬、違反邏輯的，波普爾指出：「他們預言說：『國家權力必定會增大，直到國家幾乎等同於全社會為止』。……這是一種極權主義。……『社會』這個詞囊括了全部的社會關係，也包括全部的個人關係在內，……想要控制所有或幾乎所有的關係乃是完全不可能的。

因為隨着對社會關係的每一種新控制，我們就創造出一大批有待控制的新關係。總之，這是一種邏輯上的不可能。」[205]

　　天堂幻妄與無我幻妄的思維謬妄同一，就是違反邏輯。無瑕幻妄以為，經過某些操作之後，就可以將一切醜惡的可能性完全消除，不會再有預期之外的事情發生，但這是違反邏輯的。因為「邏輯可能宇宙能」，任何沒有邏輯矛盾的事態都有可能發生，這些邏輯可能性是邏輯上不可能被消除的。

　　然而政宗狂熱者卻將消滅地獄建立天堂的思想過程稱為「覺醒」。其「覺醒」之路，其實就是由所謂的「救世抗暴者」變成「虐世施暴者」。各派的天堂使者都要反抗其所謂的「暴」，而這些所謂的「暴」都有一個共通點，就是對一切的絕對操控——他們恐懼對一切的絕對操控；然而他們所要實現的無瑕天堂都有着相同的共通點，就是對一切的絕對操控。他們一方面恐懼而且要反抗絕對的操控，另一方面同時又要製造另一種絕對的操控，他們最深信不疑的就是絕對的操控——被**「絕對的操控」**絕對的操控着。但是，要操控一切其實是邏輯上不可能的。換言之，他們所要反抗的和所要實現的，都是些不存在的事物，虛妄至極。

　　譬如有個網台宣稱「香港漸成監控審查城市」。[206]無論香港是「漸成」還是「速成」監控審查城市，這裏所謂的「監控審查」所指何事？譬如對於他們能夠知悉、並隨意在公開平台散播港府這個「社會密謀」、還令得那麼多市民預先知悉而有所防犯，港府有否事先作出「監控審查」？如果沒有，任得

他們講，那所謂的「監控審查」所指何事？如果有，但又容許他們公開散播，那所謂的「監控審查」所指何事？

　　對於以上的問題，他們是不會理會的。如上所述，很多政宗狂熱者都會有理無理地直接採納這種「監控審查」的社會密謀理論。因為他們本來就恐懼被「絕對的操控」，因此他們一方面很需要有同道中人揭露這個「社會祕密」——「被監控着的祕密」，同時另一方面又要持續尋找相關的「證據」——「被監控着的證據」，沒有這些「被監控着的祕密與證據」反而會令他們惶惶不可終日。因為若果這個社會沒有被「監控」着，即不是處於被操控着的地獄狀態的話，那麼他們還有什麼理由去實現以他們為中心的操控天堂呢？總之，恐懼——對操控地獄的恐懼最能操控愚弱者，因為他們需要恐懼——他們需要活在自製的恐懼之中，作為他實現操控天堂的最大動因。

　　【現今的網絡科技產品，包括各種社交媒體對其用戶作出高度的監察、操控已是公開的祕密，然而世界各地不論東西方都有很多反政府人士一方面聲稱反對各種監控、說要追求自由，但是另一方面又將自己的日常生活緊緊依附於各種社交媒體之中，主動提供各種個人資料任其操控；他們恐懼操控，但又必須活於操控之中。另外，有些香港反對派人士則更為有趣，他們一方面恥笑中國的科技是何等的低劣落後，另一方面卻宣稱中國政府的監控科技是何等的高超徹底，活在自製的——自我推翻的——恐懼之中。】

四、洗腦掏空

勒龐指出：「群體缺乏理性、判斷力和批判精神，……群體是刺激因素的奴隸。孤立的個人……也會受刺激因素影響，但是他的大腦會向他表明，受衝動的擺佈是不足取的，因此他會約束自己不受擺佈」。[207]「在群體心理中，個人的才智被削弱了，他們的個性也被削弱了。異質性被同質性所吞沒，無意識佔了上風。……個人被帶入一種失去人格意識的狀態，對使自己失去人格意識的暗示惟命是從，……思想和感情因暗示和互相傳染而轉向一個共同的方向，……他不再是他自己，而是變成了一個不再受自己意志支配的傀儡。」[208]政宗狂熱的一個顯著的徵象，甚至可以說政宗狂熱本身，就是「**洗腦**」。亦即是勒龐所說的「變成了一個不再受自己意志支配的傀儡」的狀態。（狂熱、革命、洗腦，是一同出世的三胞胎。）

李天命指出：「強者主要憑理性思考來下判斷，泡沫屌主要憑一廂情願來下判斷。」[209]洗腦的思考模式——如果有的話——一言以蔽之就是一廂情願。如果智慧解脫的境界是為客觀開放，那麼政宗狂熱的狀態就是主觀閉塞——極端的一廂情願、極端的無視客觀事實。他們只會看到他們希望看到的情況，尤其是對他們有利的情況，而不會看到他們不想看到的情況，尤其是對他們不利的情況，活在脫離現實的主觀幻想世界，「**對一切都沒有如實的了解**」。

李天命說：「腦依狹義心非腦，腦依廣義心亦腦。」[210]

因此，洗腦可分為兩類：「（1）詭辯洗腦，可稱為屬於『歪理洗腦』。（2）『利用熱血和正義感，重視gimmick、氣氛和動人的口號，跟緊潮流，人多安全』，可稱為屬於『心理洗腦』。透悉思方最有利於透悉『歪理洗腦』。洞悉人性最有利於洞悉『心理洗腦』。」[211] 粗略而言，「洗腦」意指心腦功能被洗刷掉，亦即是**智慧**能力的喪失：既無獨立思考人云亦云，亦無獨立精神人做亦做。其狀態就是被主觀盲目的慾望衝動操縱自己的言行，而不是由客觀自覺的理性思考決定自己的言行；甚至最終達至「**無心**」的恐怖狀態，被天堂空想當做物件來支配。

狂熱的心理因素比思想因素更深層，洗腦亦然。本書上部即嘗試以思方角度去分析狂熱洗腦的思想根源，而下部即嘗試從人性層面去分析狂熱洗腦的心理底因，包括本章嘗試集中分析洗腦這個操作本身的幾個主要關節及其心理機制。

（1）梗概：洗腦公式

智慧解脫者心靈安頓充實，天堂地獄一體平觀、天堂地獄可有可無，心擁終極平常心；對於坊間所熱銷的天堂地獄論，皆能冷靜地理性視之，客觀檢驗，不會誤信盲信。

政宗狂熱者心靈焦慮空虛，憤世嫉俗妄執天堂、只容天堂不容世俗，心理變態不平常；一旦遇到**世界末日論**（即地獄論），往往就會令其焦慮懦弱的心魔有所投向，對號入座，使其酸怨妒恨可以肆無忌憚地發洩。因此，對地獄的恐懼以及對

地獄使者的仇恨——即「**恐懼**」與「**仇恨**」——最能洗愚弱者心腦。然而這只是開始，之後才是戲肉，他們必須要**先知救世論**（即天堂論）以救贖其心，同時拯救世人——**因為世界即將末日了。**

天堂理論若要能救世，必為後驗理論，即必須具備實質信息內容而沒有必然性，因此需要不斷的檢驗。然而以政宗狂熱者那種不接受地獄的可能性的特性，令他們妄想天堂理論一定是「**實質而且必然**」的，即能摧毀世俗甚至地獄的可能性的，方為「**天堂**」理論。所以當他們自以為掌握了「實質而且必然」的天堂理論之後（其實那是真理的幻覺），就更加歇斯底里，自封天堂使者——「**不為私利，只為公義**」——到處打救世人。

洗腦的最深機竅就在於觸及到愚弱者心靈最深的渴求——**厭恨有疵地獄、妄執無瑕天堂**。因此，古往今來不論政治還是宗教方面的狂熱信徒都必定是以宣揚「**世界末日論→先知救世論**」此等公式套路進行洗腦——不論是主動洗腦還是被動洗腦——先以無限上綱的方式散布**世界末日論**（地獄論）來恫嚇世人，以恐懼與仇恨摧毀人的理智，接着當然就是推出**先知救世論**（天堂論）去鼓動世人參與救世聖戰了。

因此，要令人墮進此則洗腦公式，洗腦的手法再多也萬變不離其宗，無非就是將敵方醜化、歪理化、邪惡化，即**妖魔化**；同時將己方美化、合理化、正義化，即**神聖化**。如此就能令敵方做任何事情都動輒得咎、綁手綁腳；同時令己方做任何事情都如取如攜、為所慾為。

以下舉出幾個常見的手法——

（i）雙重標準

　　譬如：自己暴力就得，別人暴力唔得。比方2021年美國總統特朗普支持者攻佔國會與2019年香港示威者攻佔立法會事件，有記者將兩者等量齊觀，學者沈X暉認為上述比較「十分不正當」：「香港示威者的行動是在休會期間『彰顯政權的程序不公義』，用以『證明立法會確是形同虛設』；美國特朗普支持者卻在會議期間『防止已經符合通過民主程序的結果出現』。」[212] 這個解釋大概就是想表示香港示威者攻佔立法會就得、是「義士」，美國示威者攻佔國會就唔得、是「暴徒」。香港示威者有句名言叫做「破壞死物、克制暴力」。既然香港示威者所破壞的立法會只是「死物」，這種「暴力」屬於「克制暴力」的話，那為何美國示威者破壞國會就唔得呢？難道美國國會不是「死物」？若果依照沈X暉所言，「香港示威者的行動是在休會期間『彰顯政權的程序不公義』，用以『證明立法會確是形同虛設』」就可以的話，那麼中古時期的教廷硬要宣揚違反事實的宇宙觀，甚至迫害提出異議的科學家，譬如伽利略就於1633年被宗教裁判所審判，教廷透過展示各種刑具脅迫他聲明自己放棄支持哥白尼的「日心說」，之後伽利略還被軟禁在自家莊園，而他的著作還要等到二百年後的1835年才從禁書名單中除名；又如另一名科學家布魯諾就因為主張太陽並非只有一個，而於1600年被判燒死在火刑柱上。教廷對於科學

118

家的種種人身迫害、殘殺，甚至長時間的思想箝制，就更是嚴重阻礙人類追求真理的超級暴政了，那麼那些「科學義士」就可以「在教堂休息期間為了『彰顯教廷的迫害不公義』，於是大肆破壞教堂以『證明教廷所謂的『愛仇敵』確是形同虛設』」了嗎？科學家若以暴力去宣揚「真理」，這樣跟宗教霸權有何分別？如同引言所提到的「理性崇拜」狂熱一樣，自己「崇拜」理性，就可以破壞這個「非理性」的社會了嗎？

　　暴力就是暴力，無論怎樣解釋都是暴力。政宗狂熱者最喜歡表演各種蠻不講理的政治行為藝術，然後就為自己的野蠻行為添加解釋、塗脂抹粉，正如所謂「破壞立法會是為了『彰顯政權的程序不公義』呀、『證明立法會確是形同虛設』呀」。殊不知，暴力行為，要麼無意義，即是純粹的暴力行為；要麼有意義，即非純粹的暴力行為，而是有「意義」的——如果那個「意義」就是「政權程序不公義」、「立法會形同虛設」的話，那麼除了運用語言之外——正如沈X暉所言的——還有什麼方式可以比語言將那個「意義」表達得更清晰有力的呢？奇怪的是，倘若暴力真能表達得更清晰有力的話（如所謂的「香港示威者的行動是在……『彰顯……』，用以『證明……』」），那為何那些總愛在事後作出「精闢解釋」的、「通情達理」如沈X暉般的「有識之士」就總是沒有參與其中、一同表演「破壞死物、克制暴力」的呢？反對派的「有識之士」不是很強調「要在大是大非面前站出來」的嗎？其實，「精人出口笨人出手」是否才最能解釋上述奇怪的政治現象呢？

政宗狂熱者之所以抱持雙重標準的錯謬思維，其心理底因就是上述指出過的「瞎心眼對自己不乏同情的了解，對別人缺乏同情的了解」，在他們眼中，只有他們自己才是弱者、才值得同情——即使自己變成恐怖分子；然而當他們看見其他派別的人變成恐怖分子進行恐怖襲擊傷及無辜時，他們就會收起同情，「理性」地批判對方「蠻不講理、泯滅人性」的了。

（ii）不當着色

　　對於上述記者將兩件事情等量齊觀，華府智庫的葛X儀認為「這比較完全錯誤。……真正的記者應該懂得兩者的差異。如果你不懂，先去做做功課，了解香港。」（ "This comparison is completely wrong. ...... A real journalist should know the difference. If you don't, do some research about Hong Kong." ）[213] 問題是，何謂「真正的記者」（ "A real journalist" ）呢？難道那位記者沒有獲取合格的記者資格？說穿了，那只不過是葛X儀在玩弄字眼，將自己個人的牽強定義（「必須了解香港美國兩者衝擊的差異」）硬塞於「記者」一詞之中，再濫用「真正的」這個彷彿神聖不可侵犯的着色字眼來為自己的牽強定義撐腰、蒙混過關罷了。何為濫用着色字眼呢？

　　李天命指出：「當討論到社會、政治、宗教等方面的人文問題時，所用的語辭每每帶有情感意含。譬如『階級』、『反動』、『壞蛋』、『神聖』、『叛教』（筆者按：還有『腦殘』、

120

『覺醒』，和上述的『彰顯』、『真正的X』等）。……這類問題常常要靠社會壓力、政治鬥爭、宗教迫害等『方法』來給以『徹底的解決』。……其中一個不可忽視的（儘管不是唯一的）原因，就是……人文問題的討論屢屢混雜了太多着色語辭，以致濫用這種語辭。……我並沒有說過不可『使用』着色語辭；我要說的只是：不可『濫用』這種語辭，因為那是有損於正確思考之進行的。……當我們企圖說服別人接受某某論點時，如果我們根本沒有藉着客觀證據或邏輯推演來建立該論點，而只是利用着色語辭的情感意含去誘使別人接受，則我們就是濫用着色語辭了。」[214]

「政治、宗教問題的討論屢屢混雜了太多着色語詞，以致濫用這種語詞」，之所以如此，正是由於政治、宗教問題的討論往往出於人們的情感本能而非自覺思考。

（iii）概念扭曲

李天命指出：「洗腦『絕招』最靠語害，尤靠概念扭曲的語害。『朕即國』、『黨即國』、『我即道』、『生即死，死即生』、『有即無，無即有』等宣述，全屬概念扭曲。略言之，以『愚民教育』偷換『國民教育』，以一小撮的『我們』或甚至以個別的『本人』偷換『人民』，諸如此類，亦然——（1）不久前，此地有示威者高呼：『XXX，你已經被人民包圍了！』（2）在文革的火紅年代，有紅衛兵抬走被批鬥者的像

佀據為己有時說：『這些財產現在屬於人民了！』。」^[215]

譬如所謂的「違法達義」，若果違法可以達義的話，那麼原則上任何派別的人都是可以違法達義的。然而明顯地，提出「違法達義」的人是不會認同其敵方同樣可以違法達義的——敵方違法就是違法，敵方違法就是不義、必須負責。這無非就是將「己意」等同於「公義」的概念扭曲之歪理洗腦；同時欺騙無知青少年犯法毋需負責、可以為所慾為（因為那是「達義」之舉），於是自告奮勇充當英雄以身試法、結果自毀前途之心理洗腦而已。

（2）起點：立場先行

上述葛X儀還認為若將兩件事情等量齊觀，就會「正中北京的錯誤的官方論調。」（ "It feeds a false narrative that Beijing will almost certainly propagate." ）^[216] 這是典型的立場先行的思路。依照這種思路，人無須任何獨立思考，只須將敵方的一切論調都一概否定，你就能得到真理的了。這明顯是缺乏獨立思考的反智思路。

勒龐指出：「提供給心理群體的各種意見、想法和信念，他們或者全盤接受，或者一概拒絕；將其視為絕對真理或絕對謬論」。^[217]「群體從來就沒有渴望真理，面對那些不合口味的證據，他們會拂袖而去」。^[218]「他們全然不知懷疑和不確定性為何物。」^[219]

政宗狂熱者支持或反對一個主張的準則，並非理性的準則（即思方邏輯、科學檢驗），而只在於有關主張的立場，簡言之就是「**只問立場不問理據**」。其思想上的謬妄即是上部所說的「不當預設」；上面的「不當着色」亦然。而其心理底因也很簡單，就是因為他們已經自以為掌握了天堂的鎖匙——他們由一開始就已經認定自己的思想就是天道或者上帝的標尺，那麼很自然地他們就是以他們心中的天堂藍圖（即其政宗思想而不是思方邏輯、科學檢驗）為起點去判別天下一切的是非高下——符合己意就是真理，違反己意就是謬論。換言之就是先下結論，不會再為任何反面的理據所動搖。

（這種人就連文藝品評、娛樂飲食等等生活細節都是以政宗立場作為評論準則的，己方的作品或作者就是高水平；敵方的作品或作者就是低水平。將所有的生活細節都連結於其政宗立場的人，其思想狹窄閉塞的程度就可想而知了。）

對於政宗狂熱者而言，世上沒有比判別是非高下更容易的事情了。因為對於主觀心魔而言，懷疑、分析、論證，即「思考」是最麻煩、最無謂的事情。面對任何外來的主張，必須第一時間作出肯定或者否定，方能顯示其智慧之高，及其對天堂信念之堅定，亦即是其覺醒、甚至靈性之高度了。

李天命指出：「**或信或疑憑獨立思考——憑批判思考——是心智成熟的首要條件。**」[220] 然而在政宗狂熱者眼中，懷疑與不確定並非理性的產物，而是腦殘甚至是狂妄的產物。對於未有確鑿證據的論調，他們只需憑藉高超的純思考——即

純妄想——就可填補證據上的失漏，他們認為這才正是思考力強的表現。因為他們認為那些論調屬於「大是大非」——既是「大是大非」，就不用懷疑、不容辯駁，而是「理性上明顯」的了。「『大是大非』這個提法，往往只是因為害怕被批駁，於是用這個提法去壓人，表示『遇到大是大非的問題了，不許再討論了，大是大非還用多說的嗎』。」[221]李天命說。

沒有科學家會認為自己的理論是為「大是大非」、不容辯駁的。然而各派的政宗狂熱者都有自己的「大是大非」，他們互相批評甚或譏笑對方不容許別人質疑其「大是大非」——只是用「大是大非」這個字眼來自欺欺人、窒礙思考，卻不察覺自己也不容許別人質疑自己的「大是大非」。他們甚至運用其「大是大非」來對別人進行「道德綁架」——支持其「大是大非」者就是有良知，否則就是沒有良知矣。

正是由於他們存有「只容天堂不容世俗」的妄念，令他們有種非天堂即地獄的假窮盡錯謬二分思維，導致他們的世界只有黑同白，沒有灰色地帶，不容許存疑的中立立場——他們以為這種黑白分明的主觀偏見等於明辨是非黑白的思維能力。因此他們認為只有自己才是世界上最「**理性客觀中立**」者，天下一切的是非善惡已經得到他們的終審判定——因此，不是同道就是敵人，即使理性中立者也都成為被他們鬥爭的對象。

進一步言，亦因為只問立場不問理據的思路，令他們連最基本的理解能力——即切身處地從別人的觀點看的同情的理解能力都缺乏。結果，己方有錯，必予無限同情；敵方有錯，

絕無半點同情。總之，己方就是神聖不可侵犯，敵方就是半點不得解釋。

總括而言，立場先行是一切洗腦形式的起點或者依歸。

【立場先行既是自我中心的特徵，同時也是自我中心的敵人。譬如文革時期，「紅衛兵運動波及全國。雖然紅衛兵意為『保衛毛主席的紅色衛兵』，然而紅衛兵並不是一個統一的組織，派別林立，互不隸屬。比方保皇派與造反派激烈對立，武鬥死傷數以千計。保皇派絕大部分成員是被認為出身好的紅五類家庭子女。而造反派則反對這個血統論，他們多數在文革初期受到保皇派的歧視甚至迫害。造反派在毛澤東接見紅衛兵期間逐漸壯大，至1966年底，造反派在紅衛兵運動中成為主流。但在1967年『二月逆流』後，造反派也開始分裂為『擁軍派』（溫和傾向）與『反軍派』（激進傾向）。造反派形成強大的政治勢力以後，其中最激進的一翼對『文化大革命』的意義進行了進一步的思考，出現了一些標新立異的觀點，號稱『新思潮』。『新思潮』逐漸發展，超越了一般的造反派，形成了總體上批判和否定中國的基本政治和社會制度、側重於對整個社會制度的批判。『新思潮』不僅在根本上違背了傳統的指導性意識形態，也超出了以中央文革小組為代表的黨內極左派劃定的思想界限。因此『新思潮』還未發展成熟即被鎮壓。」[222]

又如香港傳統泛民主派人士雖以「和平、理性、非暴力」

自居，但一直沒有跟暴力示威者割蓆，即已經傾向激進，即使跟「勇武」激進派同為反對派，在19暴亂時期似乎合作無間，但兩者卻從不咬弦，一遇到議席去留問題就內鬥內耗，不再「和勇合作」了。擁有相同天堂「理想」的人，為何會離離合合甚至互相攻伐，一如宗教經常出現的內部鬥爭的呢？

　　雖然前述佛洛伊德說過：「（群體的）『心理同質性』的程度越高，……群體心理現象也越明顯。」然而狂熱群體內藏的偏激特性，即立場先行是最易削弱其自身的群體心理現象的。此事不難理解，因為以自我為中心的世界本來就是脫離現實的。人本是千差萬別的，只是自我中心的心魔卻以為人人都跟自己一樣，沒有異心；即使基於某些外在因素加上群體心理機制而令得一大班人同時狂熱於同一個目標，其「團結一致」始終只會是短暫、偶然，而且鬆散的。極端自我中心的虛妄心態往往都會自我反噬——由極端自我中心所形成的個人狂熱，到無我唯我所形成的群體狂熱以實現以自我為中心的世界這種思路往往都會自我反噬——因為凡是身處其中的人都是立場先行、不能妥協的，因此一有分歧就不是求同存異地團結一致，而是黨同伐異地分化分裂、削弱團結，亦即是自行衝擊那個本想以自我為中心的世界。而「更激進」即是「更唯美無瑕」，自然容不下原本那個「不夠激進即不夠唯美無瑕的『激進派』」的了；同時「更自我中心」，即只會更自以為是地以為自己才是更高級的主宰；而且「更無視現實」，即不了解越激進就越難被認同，即越勢孤力弱、越不能建立以自我為中心的世界。

總括而言，愚人總是不了解激進狂熱的自身要害所在——越想建立以自我為中心的世界（即越激進），就越不能建立以自我為中心的世界。因為由接受激進手段開始，就等於為激進狂熱提供養料，而從中壯大了的更激進派自然就會衝擊那個本來「團結一致」的自我中心世界。換言之，要實現一個人人一樣、沒有異見的天堂，其實是一個永無止境的虛妄設想，因為所謂「無瑕」根本是沒有止境的，只會墮入持續不斷的內部鬥爭之中，沒完沒了。】

（3）本質：人云亦云

　　李天命說：「強者獨立思考，截斷眾流；弱者人云亦云，隨波逐流。」[223] 洗腦的本質就是人云亦云，因為獨立思考的反面就是人云亦云——愚人無法憑藉獨立思考去分辨是非對錯，他們必須要有同道中人。

　　人云亦云，包括了人做亦做：人講就信，因為有人講就真；人做就做，因為有人做就對，完全沒有獨立思考的過程。而人做某些行為之前，通常是先有人用語言表達出來，譬如說「打X佢！」，之後才有人跟著做，所以「云」比「做」更為根本。

　　政宗狂熱者的人云亦云，亦即奴隸、奴才的特質，令他們本能地渴望自己被頭領統治，勒龐指出：「所謂的頭領，有時不過是個小頭目或煽風點火的人，但即使如此，他的作用也

相當重要。他的意志是群體形成意見並取得一致的核心。」[224]

羊群人云亦云的先決條件就是首先要有人云。不難發現，在暴動期間，狂熱群眾會在不同的時間、地點聚合，不可能全部行動皆由某個統領預先計劃並發施號令，不同的群眾可以因為收到來自各方的號召而聚集，亦可以因為偶然的因素而聚集（譬如八卦群眾圍觀警察執勤）；而當中那些此起彼落的口號叫喊、甚至暴力破壞，往往只是來自各個群體之中比較主動的一員首先打破沉默，盲目羊群就會跟風發作。

（香港19暴亂時期的參與者所謂的「無大台社運」，意謂參與者都是出於自主行動，無非自欺欺人的蠢話。而當暴亂過後，那些震耳欲聾的口號聲再也聽不到了，因為再沒有人帶頭叫喊了。由此可見，那些被洗了腦的羊群傀儡是沒有獨立能力自決行動的。）

而關於以上人云亦云背後的心理機制，就是之前分析過的無我唯我、集奴意志，換言之就是羊群獨裁的兩面性格。因此，人云亦云這種洗腦本質其實是一種雙向的洗腦操作——

羊群被動洗腦：人云我亦云，唔使我用腦；
獨裁主動洗腦：我云人亦云，唔准人用腦。

最經典的實例莫過於「不要問！只要信！」這句口號。當所有的政宗狂熱口號都加上「不要問！只要信！」時，就會

暴露出政宗狂熱的「真面目」——即**羊群獨裁**、人云亦云的洗腦真面目的了。

> 【勒龐指出：「群體對信念有着盲目服從、極端的偏執以及要求狂熱的宣傳。」[225]**輿論戰即洗腦戰**。在激烈鬥爭的時期，鬥爭的各方都會不遺餘力，以鋪天蓋地的方式大力宣傳己見，製造大量輿論，互相爭奪民意版圖；同時會製作很多同路人的訪問以作「見證」，令其信徒認為有很多同道中人圍繞着他們，令他們持續活在人云亦云的主觀世界之中。這亦解釋了為何理性聲音在形勢上往往及不上洗腦聲音，因為獨立思考者不必爭取他人的認同。】

（4）催化：口號熱傳

勒龐指出：「影響群體的頭腦，有三種手段最為重要，即斷言、重複、傳染。⋯⋯做出簡潔有力的斷言，不理任何推理和證據，是讓某種觀念進入群體頭腦最可靠的辦法之一。⋯⋯得到斷言的事情，通過不斷重複在頭腦中生根，並且最終能夠使人把它當作得到證實的真理接受下來。⋯⋯如果一個斷言得到了有效的重複，在這種重複中再也沒有異議，此時就會形成所謂的流行意見，強大的傳染過程於此啟動。」[226]

以上三種操作：「斷言、重複、傳染」的結合可以叫做口號熱傳。而政宗狂熱者的思維裝備就是內裏的口號思維，即

是「不思維」。正如勒龐指出：「套話是和群體一起隆重上市的。……（套話）主要作用是讓使用者免去思考的義務。」[227] 何以如此？李天命指出：「口號套語有精簡語言、凝聚思想內容的重要作用，但使用時要格外小心，因為口號套語常有這樣的性質：一句話原本沒有道理，但用口號套語的方式說出時，就彷彿變成有道理。」[228]

口號有精簡語言、凝聚思想的作用，但並非所有口號都是意思清楚、有根有據的。然而，口號套語的表達方式本來就容易令人以為凡是口號都言之有物、言之成理；再加上政宗狂熱者立場先行的主觀偏見，導致他們更容易不加思索就認定凡是由自己人所提出的口號都是「絕對真理」了。因此，口號思維是最能配合「人講就對」這種人云亦云的洗腦本質的。

另一方面，傳播口號比傳播複雜仔細的論證容易得多，因此口號熱傳更容易形成所謂的主流意見，這樣就能令人云亦云的洗腦效果加倍加據——在一大片一致聲音之中，人們對有關口號的習慣會進一步侵蝕其僅餘的反省質疑能力，甚至會激活人們的反射機能，令他們不能自由地思考，成為被刺激因素控制的扯線公仔。

而最重要的一點是，為配合政宗狂熱群體對於共同天堂／共同地獄的盲執，口號熱傳有着將整個狂熱群體作出統一思想的重要作用，令狂熱群體可以在最短時間之內服從於一個統一的天堂幻妄或者／以及地獄恐懼之中。

正如文革時期的紅衞兵即使派別林立，互不隸屬，也都被統治於「革命無罪，造反有理！」的口號之下；又如香港19暴亂時期的示威者無論分成多少派別，譬如「港獨派」與「普選派」在主張上雖然互相排斥（因為所爭取的「普選」是在承認中國為其主權國之下的訴求，意即是要排斥「香港獨立」的），但都被統治於「光復香港，時代革命！」的口號之下。沒有一個派別會對這些「統領」口號作出質疑──各門各派勾心鬥角、同而不和──因為其「同」只是一種盲目服從的群體心理機制，而不是自覺反省的理性認同。（除了群體心理機制之外，他們之所以都被統治於上述的口號，從思想層面而言，這兩句口號都是沒有明確所指的浮詞虛語，任他們喜歡怎樣解釋就怎樣解釋。結果無論他們幹些什麼，譬如只是行街睇戲食飯，都可以被解釋為在進行着他們所謂的「革命」矣。）

　　總括來說，要令人云亦云這種洗腦本質發揮到極致，口號熱傳是最有效的催化劑。

（5）昇華：無限上綱

　　李天命指出：「『在公園偷花就是損害勞動人民的勞動成果，也就是傷害國家經濟的根本命脈，因此正是：危害國家安全！』像這樣無限上綱的恐怖思維方式，並非『文化大革命』特產。基督教殘害異端的歐洲、列寧斯大林時期的蘇俄、希特勒時期的納粹德國、麥卡錫主義橫行的美國……都有類似的思

維方式冒頭得勢，受害者眾。」[229]

　　無限上綱就是理據不足的錯誤思維方式。在以上各個狂熱時期都有這種思維方式，可見無限上綱是洗腦的一大絕招。不難想像，在狂熱暴動時期，諸如「**打倒XX主義地獄！建設XX主義天堂！**」等無限上綱的瘋狂思維是特別有吸引力的。其吸引力無非在於政宗狂熱者對於地獄的恐懼以及對於地獄使者的仇恨；還有對於天堂的妄執以及對於天堂使者的膜拜。

　　無限上綱的瘋狂思維在狂熱群體那種以訛傳訛、加鹽加醋的做法之下甚至會有疊加昇華的洗腦效果，勒龐指出：「**一些可以輕易在群體中流傳的神話之所以能夠產生，不僅是因為他們極端輕信。這也是事件在群體的想像中經過了奇妙曲解之後造成的結果。……群體很少對主觀和客觀加以區分。它把腦中產生的景象也當作現實，儘管這個景象同觀察到的事實幾乎總是只有微乎其微的關係。**」[230]

　　勒龐提到的九月慘案之中有着這樣一個實例，屠殺囚犯的人曾這樣「審判」其中一個囚犯：「**『她肯定對坐牢非常憤怒，如果她能辦到的話，她會一把火燒掉巴黎。她肯定這樣說過，她已經這樣說過了。宰掉她算了。』**」[231]這種完全不是建基於事實證據、單靠憑空想像的審判瘋狂不瘋狂？

　　然而這類瘋狂事情彷彿不斷重演，在香港19暴亂時期就有類似的一幕。話說有個少女在示威期間眼部受傷，因此激發了一連串的群體示威發作，包括阻礙機場運作的示威集會、醫

護靜坐集會,然而他們抗議的主題,並非人所共知的事實:「少女眼部受傷」,而是毫無事實根據的驚天審判:「黑警還眼!」這樣的審判究竟是怎麼一回事?

第一,為何要「還眼」呢?有媒體直接斷定該少女「**失明毀容**」[232]、「**眼球當場爆裂**」。[233] 問題是,怎樣「失明毀容」法?你是醫生嗎?醫療報告呢?怎樣「眼球爆裂」法?你是醫生嗎?醫療報告呢? 第二,為何叫「黑警」呢?有媒體直接斷定「**抗爭遭警方空前強勢鎮壓,……一名女子遭射爆右眼**」[234]、「**警察暴力鎮壓、近距離開槍射傷示威少女右眼**」。[235] 問題是,憑什麼斷定少女右眼是遭「射爆」的呢?憑什麼斷定是被「警察近距離開槍射傷」的呢?有檢獲沾上少女血液的彈頭嗎?不可能是其他硬物造成的嗎?醫療報告呢?即使是警察開槍造成的,不可能是流彈造成的嗎?所謂「近距離開槍」究竟有多「近」呢?如果警察合法開槍,但流彈誤傷他人都要受罰?都是「黑警」?明顯地,從所謂的「黑警還眼」可以看到,這是個先下結論、未審先判的斷言,是在缺乏事實根據的情況下判定警察不合法地槍傷他人,因此必須受罰。所以「**有示威者說,『已經不想再多說,還隻眼睛來。』**」[236]

分析至此,我們終於可以將示威者由「少女眼部受傷」無限上綱至「黑警還眼」的思路還原出來:「少女眼部受傷——啊!一定是警察開槍!一定是警察蓄意於近距離向和平示威人群開槍!他已經射中了!她已經爆眼了!眼球沒救了!——黑警還眼!黑警還眼!」

不難發現，所謂「黑警還眼」此一論斷所含藏的每一步推理至今都是沒有任何實質證據支持的。「有趣的是，越是缺乏客觀理據支持的論斷，越會被堅信者美其名為『絕對真理』。這些人既找不到客觀理據，就唯有用『絕對真理』一類的名號去為其所信的東西撐腰了。」[237] 李天命說。面對這椿疑點重重的案件，必須從多方面搜證，才能相對地接近事實真相。然而對於這些示威者來說，此事並無疑點，只需憑籍他們無限的想像力即能令他們彷彿親歷其境：譬如有「自稱傷者妹妹的人士在網上發文說，當時傷者站在尖沙嘴警署外的巴士站旁，沒有衝擊、攻擊性動作，只是從巴士站廣告牌的空隙探頭出來，就有警察在約8至10公尺的距離開槍，眼部中彈，倒地口鼻滲血。……右眼全紫，腫成約雞蛋大小，右眼眼頭至眼袋有長型傷口，鼻骨、眉骨碎裂，做了緊急手術，但因有碎骨，『一定會毀容』。」[238] 這段「妹網發文」剛好跟示威者所追求的「符合國際標準的真普選」相反，是個對經驗事物有非常具體明確的斷述的「**實質斷語**」，那麼有哪些客觀證據可以證實上述的每一個具體細節？（由開槍到中彈──假定屬實──不過電光火石之間的事，有什麼人會預先看清楚兩者之間的距離「約8至10公尺」？）沒有，並且不需要有──因為對於狂熱者來說，「越是缺乏客觀理據支持的論斷，越會被堅信者美其名為『絕對真理』」。如上所論，政宗狂熱者皆被主觀情感蓋過客觀理智，所以越是能一下子無限上綱到天堂在即的美妙或是如臨地獄的恐怖的論斷，譬如越是缺乏事實根據地具體描繪警察是如何的「開槍」、如何的「鎮壓」（真冷血啊！）；少女是如何

的「爆眼」、如何的「毀容」（真慘烈啊！），反而越能觸動他們那種狂熱的好天堂惡地獄的病態情感，因此而越能令他們深信不移。少女眼部受傷此事就是經過群眾的奇妙曲解，將主觀幻想當成客觀事實，在缺乏事實根據地無限上綱，最終達至「黑警還眼」的確鑿審判了。然而當中的信徒有不少是讀理科出身的、下判斷前要講求客觀證據的專業醫護人員——被洗腦的人不知道自己已經被洗腦——如果這些專業醫護並沒有被立場先行（「黑警還眼！」）、人云亦云（「黑警還眼！」）、口號熱傳（「黑警還眼！」）、無限上綱（「黑警還眼！」）等方式所集體洗腦、洗掉了一直以來的專業思維訓練的話，又如何解釋其群體發作現象？

【對於這樁案件，示威者多數不會以「公眾知情權」為理由去要求公開受傷少女的醫療報告此等關鍵證據，讓社會多點了解實情的，而是會以「私隱權」之類的理由去保護他們那種畏懼真相的孱弱心理。而這就是他們所謂的「公義」了。】

另一方面，如上所述，無限上綱並不限於如臨地獄的負面情況，還可以是天堂在即的正面情況，正如勒龐指出：「口頭綱領中，再誇誇其談也不過分。可以毫無懼色地承諾最重要的改革」[239]；「（改革的）鼓吹者是那些非常無視現實，因而敢於向人類承諾幸福的人。⋯⋯凡是能向群體供應幻想的，

也可以很容易地成為他們的主人。」[240]

以香港處於所謂「時代革命」的時期來說，最無視現實、最誇誇其談的改革莫過於「香港獨立，唯一出路」，在連所謂的「真普選」都是遙不可及的情況之下，港獨就更是天方夜譚。不過在狂熱暴亂時期，很多人都會以為這些不切實際的天堂景象就是如此的近在咫尺。

總的來說，政宗狂熱的口號思維源於立場先行，催化人云亦云的洗腦本質，若再含藏無限上綱的瘋狂思維，就會令脫離現實的洗腦效果得以高度的昇華。而所謂的「天堂地獄」，無非都是因為政宗狂熱者活在一大片人云亦云、無限上綱的口號幻想世界之中罷了。

【無限上綱的洗腦方式還有相反方向的形態：無限淡化。當政宗狂熱者遇到對己方有利、對敵方不利的情況就會無限放大，即無限上綱、小事化大；當政宗狂熱者遇到對己方不利、對敵方有利的情況就會無限縮小，即無限淡化、大事化小。譬如上述那種將「破壞立法會這些重要的行政設施」叫做「破壞『死物』」，就是企圖將有關的罪行無限淡化。其實這些「革命義士」何須害怕犯法？他們不是認為，在法律不公義時就要「違法達義」的嗎？他們衝出來搗亂時就氣勢如虹、滿口革命理想、慷慨陳詞「無畏無懼」；到被拉被審時就退縮逃避、埋怨那是政治審判、要求「從輕發落」。總之，進攻時就放大地

136

講「**公義理想**」，譬如批評敵方的行動時就以「合理與否」的角度進攻；防守時就縮小地講「**法律規條**」，譬如自己的行動被人批評時就以「合法與否」的角度防守。而這就是政宗狂熱者那種無限制伸縮性思維了。】

（6）終極：我道掏空

「用鮮血和生命保衛XXX！」（此口號出自文革時期「用鮮血和生命保衛黨中央！用鮮血和生命保衛毛主席！」）

「殺死XX人，拯救其靈魂！」（此口號出自19世紀美國對印第安人進行大屠殺時期。美國軍官普拉特曾發表臭名昭著的言論：「這個種族中所有的『印第安』元素都應該被殺死。殺掉他們體內的『印第安人』，才能拯救他們的靈魂。」）

「沒有國慶，只有國殤！」（此口號出自香港19暴亂時期的國慶日，示威者企圖透過激烈的示威行動，迫使警察血腥鎮壓，以自身性命將「國慶」變成「國殤」。）

洗腦總有極限、昇華總有極限，而其極限無非就是犧牲性命——包括你、我、他所有人的性命。

勒龐指出：「群體固然經常是犯罪群體，然而它也常常是英雄主義的群體。……會不顧一切地赴死犯難」[241]；「群體可以殺人放火，無惡不作，但是也能表現出極崇高的不計名

利的舉動，⋯⋯而且可以達到慷慨赴死的地步。」[242]

殺人放火需要強大的推動力，慷慨赴死更加需要一種拚死無大害的強大力量；政宗狂熱者之所以感覺「強大」，其力量泉源就是來自實現天堂這種終極的「理想」。一般人在追求個人理想時都會有種力量充沛的感覺，令他勇往直前。由此可見，當政宗狂熱者想實現的理想是個人人得救的至善天堂時，其推動力量絕對是至盡至極無以復加的。（當人們感到力量強大之時，就可以做出很多在正常情況下不敢做的事情，尤其是訴諸暴力。）

勒龐指出：「領袖最初往往也不過是被領導着的一員。他本身也是被一些觀念所迷惑，然後變成了它的使徒。他對這些觀念極端着迷，以至除此之外的一切事情都消失了」[243]；「在人類所能具備的一切力量中，信仰的力量最為驚人，⋯⋯使一個人具有信仰，會讓他強大十倍。⋯⋯他們除了自己贊成的信仰之外，幾乎什麼也不知道。」[244]

當我們說政宗狂熱者是被洗腦的一群，那麼他們是被什麼洗了腦的呢？就是被自我中心洗了腦、被自以為是的天堂空想洗了腦。洗腦的終極狀態，就是一種一切心思全被掏空、除了實現自我天堂此一空想之外的一切事情全都消失了的狀態。換言之，狂熱洗腦的終極狀態就是「我道掏空」。

恐怖分子之所以能夠做出不計名利、捨身忘我同時泯滅人性的自殺式恐怖襲擊，往往已經達到這種洗腦的終極狀態。

要了解這種終極洗腦的我道掏空狀態,可以從終極解脫的心如虛空境界着手,因為兩者有着微妙的相反關係。

　　先看智慧解脫境界,李天命說:「自我中心,心無別人」[245];「灑脫者率性,率性不等於任性。任性見自我中心,自私自利」。[246]「『放下自己,悲憫眾生,不去追求個人的解脫,這樣你就解脫了。』如此解脫,乃大解脫,達此境者可以心如虛空」。[247]「大智不貪名,大慧不貪生。」[248]

　　除了透悟以上「放下自己,悲憫眾生」的道理之外,還有其他路徑能達此心如虛空、不貪名譽與性命之境嗎?李天命指出:「(厚黑學)歸結於『忍』。對己忍心就是厚,對人忍心就是黑。但『忍』就已含有着意、着力的成分,在手段上還未到最高境界。……人們往往由於主觀、受情緒干擾而犯錯。電腦則完全是客觀的:冷靜、周密、堅定。……(電腦)不會被干擾『心情』」[249],因為電腦運作根本無有「心情」。因此「電腦道可以比厚黑更厚黑,意思指達到了『無所謂厚,無所謂黑』的至高境界,純粹根據所掌握的資料來下判斷,該怎麼運作最適當就怎麼運作。厚黑學的『忍』字訣,暗含咬牙切齒的意味,還未真正到家。電腦道則是『無心』的,是一種『機器的態度』。」[250]

　　智慧者率性,狂熱者任性,兩者都有着可以不理會世俗眼光,為達目的而悉力以赴、一往無前的心態,然而兩者的心態卻內藏了相反極端的本質。自我中心的主觀心魔人皆有之,自我中心使人怕身滅、畏名裂,還有抗拒異說,造成敵我之分、

視異己為敵，總想消滅異敵。人生中最大的障礙可謂**身、名、敵**。人要隨心所欲達成種種目標，就要先清理好以上的障礙。

大智大慧，能脫身、名、敵之累，狂熱終極亦能。智慧解脫：心如虛空；狂熱終極：洗腦掏空。所言「空」者，即**無我、無敵**，亦即「**無心**」之空——沒有了小我之虛空心境，兩者都是極致地不再受小我的名譽、性命以及異敵所纏縛。分別在於率性與任性之分——

智慧解脫者放下自己（**無我**）、悲憫眾生（**無敵**）、天堂地獄一體平觀，在能接受一切可能性的虛空心境之下，絕對忠於自己的思想，同時在尊重異己、不妨礙別人的情況之下率性而為，心無旁騖勇往直前。智慧解脫者不再被自我中心纏縛，既不自卑亦不自大，而是恰如其分，不會將自己的「真理」強加於人，即使要捨身殉道也不會傷害無辜，這是一種仁義率性的虛空心境。

自殺式恐襲者的心態雖也是心無旁騖勇往直前，但那是殘暴任性的麻木狀態。若以厚黑學去推動自殺式恐襲，其心理狀態必須是「忍」，而且是極端着力的「忍」。之所以要「忍」，是因為厚黑者仍然視自己為人（即仍有身名之累）、同時仍然視別人為人（即仍有異敵之累），因此才需要「**忍**」——對自己要「忍」（忍受身死、忍受罵名，「對己忍心就是厚」）、對別人要「忍」（殘忍無情，「對人忍心就是黑」）；而如此極端着力的「忍」，是種對內心的極大壓抑，即處於極端嚴苛的「心情」之下運作行事，所以在手段上還未達到最高境界。

終極狂熱者只容天堂不容世俗，當他們進行自殺式恐襲時，那種一往無前、慷慨赴死的熱情並非一般犯罪的熱情，而是一種由極端自卑所引致的極端自大、自充天堂使者、自以為是替天行道救世主的瘋狂熱情。被我道極端洗腦至掏空一切思想的政宗狂熱者，其全副心思只剩下一個思想——就是那個自以為是的天堂空想；在世俗即地獄、即無法再接受世界還有其他可能性的狀態之下，完全被那單一的天堂空想所支配操控，**變成了一個物件、一副機器**，不再自主運作，只能衝向內心深處那「唯一可能而且必然」的空想深淵之中。在他們眼中，不再有任何的「人」，只有「天道」；他不再視自己為人（**無我**），同時也不再視別人為人（**無敵**），因為在「天道」面前，所有的人，包括你、我、他，所有人的性命都是微不足道的、都是實現天堂的工具，犧牲誰人都是「理所當然」的；自殺無所謂「厚」、殺人無所謂「黑」；亦即達至無所謂「忍」、無有「心情」的——「**無心**」的最高境界。

結果，當他們以自殺式恐襲去實現天堂之時，最終只會實現地獄。李天命即警告：「一旦不把人當做人，只把人當做手段、工具，就很容易假借目的或理想之名把任何醜陋的做法合理化，『冠冕堂皇化』。譬如兇殘橫暴，為達目的不擇手段，卻還要理直氣壯，用漂亮的籍口來裝飾：美其名曰『都是為了實現理想的需要』。結果，所標舉的理想雖是烏托邦或者天堂，所造成的實況卻是人間地獄。」[251]

總括而言，智慧解脫與狂熱終極雖同為無我、無敵，即

141

「無心」之境，但就有着「**有人性**」與「**無人性**」的根本分別。因此，若電腦道用於正道可以心如虛空，用於邪道卻會洗腦掏空。這裏就不再詳述電腦道的具體應用了，只就其解脫虛空與洗腦掏空的「無心」之境作一對照探討而已。正如李天命也補充的說：「這個（電腦道）不宜多講了，免得一知半解者誤入歧途，墮入魔道，因為電腦道比厚黑學屬害得多，可以被利用成為一種最可怕的權術思想。」[252]

一語總結，政宗狂熱之所以為最最危險，就在於其最容易達至這種我道掏空的恐怖狀態。

小結：統治藝術

對於洗腦的問題，勒龐如此道破：「統治者的藝術，……就在於駕馭詞藻的藝術」[253]；「群體為了自己只有一知半解的信仰、觀念和隻言片語，便英勇地面對死亡，這樣的事例何止千萬！」[254]

綜上所述，狂熱就是奴隸——思想的奴隸，奴隸永遠需要被統治——被主觀偏見統治。他們不會提出道理上或事實上正確但是「政治不正確」的言論，他們只會提出「政治正確」的言論——即使當中有的在道理上或事實上是「不正確」的——他們都懾於其「政治正確」而不敢甚至不懂提出質疑或者反駁，此之謂「洗腦」，此之謂「思想的奴隸」。因此，洗腦術即統治術，當掌握了某個族群的主觀偏見，或者掌握了能夠

影響有關族群的主觀偏見的語言藝術（或作「偽術」更為貼切，如本書所批的種種實例），尤其是關於那個族群的天堂地獄觀，就等於掌握了操控統治他們的藝術了。

（如在中國文革時期，資本主義就是地獄，共產主義就是天堂；在「光復香港」時期，專政制度就是地獄，民主制度就是天堂；至於各種宗教狂熱者的天堂地獄觀就不用多說了。）

【李天命說：「蠢，或由上天負責；狂妄，須由自己負責。狂妄而蠢的反智賴皮，不自取其辱者幾稀。縱使要推動反智賴潮而從中取利，譬如……政客煽起傻瓜盲潮而掌大權，凡此都要依靠理性精心設計，而不是反智。」[255] 政宗狂熱正是反智賴皮、即狂妄而蠢的一種極致的表現。

上面提到的聲稱自己是英國脫歐和特朗普當選的幕後推手劍橋分析公司，它的前美國業務開發總監聲稱它擁有操縱人心的精密技術：「目標行為精準鎖定（behavioral micro targeting），可以聚焦在那些有類似人格特徵和關心類似議題的人，一次又一次地向他們傳遞相關訊息。同時會不斷微調這些訊息，直到最後達成想要得到的精確結果。第一階段：用OCEAN計分法分析選民性格，找出可誘導的中間選民（如N代表神經質，其分數顯示了這個人在下決定時受到恐懼驅動的可能性有多大）；第二階段：利用強大的演算法，預測選民偏好的議題和候選人（如預測你有多大機率想聽到關於環境保護或是擁槍

權的政策議題）；第三階段：在選民最常使用的網絡平台，投放煽動資訊／廣告（如透過向Google購買關鍵字列表，讓使用者在輸入關鍵字時傳遞訊息給他）；第四階段：透過遊說程式，將選民個資視覺化，在接觸選民之前提早擬定遊說策略；第五階段：24小時監控選戰廣告觸及率，反復修正（它能精準傳遞各式各樣的內容如影片、音訊和平面廣告給指定的目標受眾，還能監控受眾在幾分幾秒暫停、重複看了哪些段落等，從而改進廣告內容）。」[256]（這裏只是針對其技術作出極簡略的引述，有關其具體運作請參《操弄》原書。）

從這家公司所聲稱的成績來看，其洗腦操弄人心的效力可謂驚人。不過我並不是要肯定它就是上述兩件事情的幕後推手，而是要說明無論電腦洗腦如何強大，都超不過人腦洗腦──因為一切洗腦原理皆由人腦所挖掘。要有效洗腦，必須迎合人類思想心靈的虛妄盲點，因此電腦洗腦再強大，都只能對付愚蠢狂妄的人，面對真正擁有獨立思考、獨立精神的人就無用武之地。要炮製反智洗腦的資訊，最終可憑的都是理性的精心設計而不是反智洗腦；洗腦程式是否有效，最終可憑的都是理性與經驗以客觀開放的態度進行反復檢驗而不是反智洗腦，更加不是由一開始就盲信獨斷其為「絕對真理」的狂熱。

換句話說，當我們的思想心靈的層次──即**智慧**的層次超越那些野心家的層次，就不會被他們操弄；當我們不僅能夠刺破，甚至能夠如法炮製洗腦資訊，才算對洗腦──即狂熱完全免疫。】

總結：解脫之道

【先提一些較為技術性的解脫之道：智慧解脫者，順而不反往往「明智假裝」[257]；不順而反必含「悍烈精神」。[258]】

　　如上所論，狂熱的心理因素比思想因素更為根本，因此，相比起處理狂熱的思想盲點，其實妥善處理狂熱的心理盲點才是最根本的解脫之道。

　　李天命說：「膚淺的靈魂，聽不懂來自地獄的聲音」[259]；「只有最高層次的靈魂，才能了解最深層次的地獄」。[260]「最深的魔性隱藏著最深的妄執，自造地獄，自陷地獄」[261]；「**造地獄者不下地獄誰下地獄？**」[262]「世間最可怕的不是外魔而是心魔，最可哀的不是愛情悲劇而是性格悲劇。性格悲劇的導演，正是心魔。心魔只能自誅，心魔不能代誅，心魔來自自我。自誅心魔，唯一辦法就是放下自我，放開自我」。[263]「放下自己，放下別人；放開自己，放開別人；放過自己，放過別人；

放生自己，放生別人；放鬆纏縛，放脫心枷；⋯⋯皆謂之放」。[264]「只有對心靈地獄有最深刻的洞察，才能對心靈天國有最高度的體會。」[265]

何謂心靈天國？能夠真切悲憫眾生、能夠客觀看待一切眾生（包括自己）、能從一切眾生的角度出發者，縱使面對天下至邪至惡者都不會有發自內心的恨意，「放下自己，放下別人」，是為心靈天國。

何謂心靈地獄？憤世嫉俗、妒恨眾生（包括自己），一切事情都只從主觀心魔的角度出發、妄執世界（包括自己）必須依照主觀心魔的心意而行的心靈狀態，妒恨自己，妒恨別人，絲毫不放，是為心靈地獄。

每個人都有自己心中的天堂，強迫別人進入自己心中的天堂，即陷心靈地獄。

追求完美無瑕的天堂幻妄源於自我中心，無我幻妄亦然。解脫之道並不在於完全消除醜惡以達至至善至美，而在於放下自我、放開自我──既會誠敬積極，卻也順世隨緣。

自我中心，既是我們的群體本能，亦是狂熱之根。世上一切糾紛，甚至戰爭，皆源於人們不容異己之自我中心。然而這雖然是人類的先天特質，但這並不等於人類只能被本能慾望所支配而不斷鬥爭下去。人類固然有主觀的心魔，同時亦有客觀的智慧──要消除由自我中心所帶來的種種紛爭，唯靠人類自身的智慧賦能。

結 語

　　本書的目的，就是希望對自我心魔作一初探，嘗試解讀一些來自心靈地獄之聲，冀有助於放下自我，讓我們逐步邁向心靈天國。

　　最後再以李天命的提示作結——

　　「心魔即地獄，真身即爾身。」[266]

注 釋

〔1〕（法）古斯塔夫・勒龐（Gustav Le Bon）：《烏合之眾》（馮克利 譯，香港：商務印書館，2015 年）（以下簡稱為《烏》），頁 130。

〔2〕見 （美）埃塞爾・S. 珀森（Ethel S. Person）編著：《論佛洛伊德的〈群體心理學與自我分析〉》（尹肖雯 譯，北京：化學工業出版社，2018 年）（以下簡稱為《論》），頁 118-120。

〔3〕https://zh.wikipedia.org/wiki/%E9%9B%85%E5%90%84%E5%AE%BE%E4%B8%93%E6%94%BF#cite_note-17

〔4〕《李天命網上思考》李天命 2013-08-11 16:55:33

〔5〕李天命：《不定名》（香港：明報月刊出版社，2020 年），頁 101。

〔6〕李天命：《李天命的思考藝術》（最終定本，香港：明報出版社，2009 年）（以下簡稱為《李》），頁 127。

〔7〕李天命：《語理分析的思考方法》（香港：青年書屋，1981 年）（以下簡稱為《語》），頁 110；（新訂本，香港：明報出版社，2022 年），頁 118。

〔8〕《李》，頁 P.115, 118。

〔9〕《李》，頁 P.61, 62。

〔10〕《李》，頁 P.63。

〔11〕《李》，頁 P.96。

〔12〕《李》，頁 P.95。

〔13〕《李》，頁 P.96。

〔14〕《李》，頁 P.115。

〔15〕《李》，頁 P.96。

〔16〕《烏》，頁 160。

〔17〕李天命：《破惘》（最終定本，香港：明報出版社，2009 年）（以下簡稱為《破》），頁 17-23。

〔18〕https://www.hk01.com/%E5%8D%B3%E6%99%82%E5%9C%8B%E9%9A%9B/608056/%E8%8B%B1%E5%9C%8B%E5%A4%A7%E5%9C%B0%E6%B0%91%E7%9C%BE%E8%88%89%E8%A1%8C%E7%A4%BA%E5%A8%81-%E6%8A%97%E8%AD%B0%E6%94%BF%E5%BA%9C%E8%A8%88%E5%8A%83%E6%93%B4%E5%A4%A7%E8%AD%A6%E6%AC%8A?utm_source=01appshare&utm_medium=referral

〔19〕https://skypost.ulifestyle.com.hk/column/article/2962399/%E8%8B%B1%E5%9C%8B%E8%AD%A6%E6%AC%8A%E6%B3%95%E7%88%AD%E8%AD%B0

〔20〕https://www.hk01.com/%E5%8D%B3%E6%99%82%E5%9C%8B%E9%9A%9B/602233/%E8%8B%B1%E5%9C%8B%E5%86%8D%E7%8F%BE%E5%8F%8D%E5%B0%8D%E8%AD%A6%E6%AC%8A%E6%93%B4%E5%A4%A7%E7%A4%BA%E5%A8%81-%E5%B8%83%E9%87%8C%E6%96%AF%E6%89%98%E7%88%BE%E7%88%86%E7%99%BC%E6%9A%B4%E5%8A%9B%E8%A1%9D%E7%AA%81?utm_source=01appshare&utm_medium=referral

〔21〕《語》，頁 26；新訂本，頁 30。

〔22〕重構自：https://m.facebook.com/158517831018557/photos/a.17222107
6314899/351054468431558/?type=3

〔23〕《語》，頁 26；新訂本，頁 30。

〔24〕《李》，頁 100, 101。

〔25〕《李》，頁 102, 103。

〔26〕《李》，頁 P.115。

〔27〕李天命：《哲道行者》（最終定本，香港：明報出版社，2009 年）（以下
簡稱為《哲》），頁 109。

〔28〕《語》，頁 27；新訂本，頁 31。

　　　　按：所謂「符合國際標準的真普選」，並非由 2019 年的暴力示威
者所創，而是早於 2014 年由某些學者提出，得到社會的廣泛「認同」，
甚至引起大批民眾以佔領馬路、阻礙交通（佔中）的手段爭取。當時李
天命已經提出過質疑甚至批判——

　　　　《李天命網上思考》李天命 2014-08-28 04:18:44：「許許多多
人，……在『國際標準』的問題上全都錯失旨要、不得要領。……理由
是，『選舉必須按國際標準』和『選舉毋須按國際標準』這兩個說法都
既非真、亦非假，而是根本稱不上真假，因為犯了語意曖昧的語害。」

　　　　《李天命網上思考》李天命 2014-09-04 12:38:26：「什麼是港人
爭取的『真普選』？換言之，此所謂『真普選』是什麼意思？」

〔29〕《哲》，頁 119。

〔30〕《李》，頁 180。

〔31〕參《李》，頁 213，注〔10〕。

〔32〕《李》，頁 180。

〔33〕《李》，頁 72。

〔34〕《李》，頁 72, 73。

〔35〕《李》，頁 78。

〔36〕《哲》，頁 109。

〔37〕《哲》，頁 163。

〔38〕《語》，頁 80；新訂本，頁 87。

〔39〕《語》，頁 79；新訂本，頁 86。

〔40〕《語》，頁 115；新訂本，頁 122。

〔41〕（英）卡爾・波普爾（Karl R.Popper）：《歷史主義貧困論》（何林 等 譯，
北京：中國社會科學出版社，1998 年）（以下簡稱為《歷》），頁 76。

〔42〕《歷》，頁 114。

〔43〕《歷》，頁 75。

〔44〕《歷》，頁 75, 76。

〔45〕《歷》，頁 75。

〔46〕《歷》，頁 118, 119。

〔47〕《歷》，頁 117。

〔48〕《歷》，頁 115。

〔49〕《歷》，頁 116。

〔50〕《歷》，頁 121。

〔51〕（英）卡爾‧波普爾（Karl R.Popper）：《開放社會與極權》（石磊 譯，北京：中國商業出版社，2017 年）（以下簡稱為《開》），頁 121。

〔52〕《哲》，頁 138。

〔53〕《哲》，頁 167, 168。

〔54〕《哲》，頁 137。

〔55〕《哲》，頁 138。

〔56〕《哲》，頁 128。

〔57〕《哲》，頁 128。。

〔58〕《李》，頁 153。

〔59〕《李》，頁 153。

〔60〕《哲》，頁 169。

〔61〕《開》，頁 116。

〔62〕《開》，頁 114。

〔63〕《開》，頁 118。

〔64〕《開》，頁 118。

〔65〕《開》，頁 119。

〔66〕《開》，頁 115。

〔67〕《開》，頁 119。

〔68〕《開》，頁 121。

〔69〕https://www-cgan-net.translate.goog/science/transaction/10111101.htm?_x_tr_sch=http&_x_tr_sl=zh-CN&_x_tr_tl=zh-TW&_x_tr_hl=zh-TW&_x_tr_pto=nui,sc

〔70〕《破》，頁 20。

〔71〕《破》，頁 21。

〔72〕同注〔69〕。

〔73〕參 《破》，頁 21。

〔74〕《破》，頁 22。

〔75〕同注〔69〕。

〔76〕《開》，頁 113。

〔77〕《開》，頁 2。

〔78〕《開》，頁 3。

〔79〕同注〔69〕。

〔80〕《破》，頁 21。

〔81〕《破》，頁 22。

〔82〕《破》，頁 21, 22。

〔83〕參 布特妮‧凱瑟（Brittany Kaiser）：《操弄》【劍橋分析事件大揭祕】（楊理然、盧靜 譯，新北市：野人文化出版，2020 年）（以下簡稱為《操》）。

〔84〕《開》，頁 118。

〔85〕《歷》，頁 77, 78。

〔86〕《歷》，頁 59。

〔87〕《歷》，頁 59。。

〔88〕《李》，頁 75。

〔89〕《李》,頁 97。

〔90〕https://read01.com/jMRK58.html#.YfdqyepBzIV

〔91〕https://zh.wikipedia.org/wiki/%E4%B9%9D%E6%9C%88%E5%B1%A0%E6%
9D%80

〔92〕http://news.sina.com.cn/w/2003-09-04/0836687917s.shtml?from=wap

〔93〕李天命:《從思考到思考之上》(最終定本,香港:明報出版社,2009 年)
(以下簡稱為《從》),頁 23。

〔94〕李天命:《殺悶思維》(最終定本,香港:明報出版社,2009 年)(以下
簡稱為《殺》),頁 171。

〔95〕《從》,頁 22。

〔96〕《從》,頁 71。

〔97〕《從》,頁 71。

〔98〕《從》,頁 71。

〔99〕《從》,頁 71。

〔100〕《從》,頁 26。

〔101〕《從》,頁 23。

〔102〕https://zh.wikipedia.org/wiki/%E5%A2%AE%E8%83%8E%E7%88%AD%E8
%AD%B0

〔103〕同上。

〔104〕同上。

〔105〕《從》,頁 27, 28。

〔106〕《哲》,頁 169。

〔107〕《從》,頁 27。

〔108〕《從》,頁 134。

〔109〕《開》,頁 83。

〔110〕《李天命網上思考》李天命 2012-06-11 11:24:52

〔111〕https://zh.wikipedia.org/wiki/%E6%BF%9F%E5%B7%9E%E5%9B%9B%C2
%B7%E4%B8%89%E4%BA%8B%E4%BB%B6#cite_note-committee-report
-2

〔112〕https://global.udn.com/global_vision/story/8664/3080665#prettyPhoto

〔113〕https://www.facebook.com/100044644834462/posts/461191795378978
/

〔114〕《李》,頁 97。

〔115〕《李》,頁 97。

〔116〕《從》,頁 29。

〔117〕https://m.mingpao.com/ins/%e6%b8%af%e8%81%9e/article/20220910/s
00001/1662783931369/%e7%be%8a%e6%9d%91%e7%b9%aa%e6%9c%
ac%e6%a1%88-5%e4%ba%ba%e4%b8%b2%e8%ac%80%e7%99%bc%e5
%b8%83%e7%85%bd%e5%8b%95%e5%88%8a%e7%89%a9%e7%bd%aa
%e6%88%90-%e4%bb%8a%e5%88%86%e5%88%a5%e8%a2%ab%e5%88
%a4%e5%9b%9a19%e5%80%8b%e6%9c%88

〔118〕《破》,頁 18, 19。

〔119〕http://news.now.com/home/international/player?newsId=465592

〔120〕https://evchk.fandom.com/zh/wiki/%E3%80%8A%E5%A4%A9%E8%88%8
7%E5%9C%B0%E3%80%8B%E8%AA%9E%E9%8C%84

〔121〕《語》，頁 56；新訂本，頁 62。

〔122〕《李天命網上思考》李天命 2012-06-24 15:18:23

〔123〕《烏》，頁 90。

〔124〕https://zh.wikipedia.org/wiki/%E9%99%B3%E6%A2%93%E7%B6%AD

〔125〕見《論》，頁 118, 119。

〔126〕《李》，頁 119。

〔127〕《殺》，頁 41。

〔128〕《殺》，頁 45。

〔129〕《殺》，頁 46。

〔130〕《李天命網上思考》李天命 2009-04-27 22:53:54

〔131〕見《論》，頁 123。

〔132〕見《論》，頁 84。

〔133〕《殺》，頁 183。

〔134〕《李》，頁 120。

〔135〕《從》，頁 187。

〔136〕《殺》，頁 48。

〔137〕《哲》，頁 16。

〔138〕《殺》，頁 65。

〔139〕《哲》，頁 61。

〔140〕《烏》，頁 90。

〔141〕（奧）西格蒙得・佛洛伊德（Sidmund Freud）：《自我與本我》（黃煒
譯，西安：陝西師範大學出版社，2021 年）（以下簡稱為《自》），頁 1
43。

〔142〕《自》，頁 102, 103。

〔143〕《自》，頁 125。

〔144〕見《論》，頁 84, 85。

〔145〕《自》，頁 68。

〔146〕《自》，頁 126。

〔147〕《自》，頁 106, 107。

〔148〕《哲》，頁 273。

〔149〕《李》，頁 26。

〔150〕《李天命網上思考》李天命 2010-05-13 11:43:40

〔151〕《李天命網上思考》李天命 2014-10-09 23:50:29

〔152〕《李》，頁 210。

〔153〕《開》，頁 258。

〔154〕《開》，頁 50。

〔155〕《開》，頁 14, 15。

〔156〕《開》，頁 39。

〔157〕《開》，頁 124。

〔158〕《開》，頁 48。

〔159〕《開》，頁 46。

〔160〕《開》，頁 47。
〔161〕《開》，頁 122-125。
〔162〕《開》，頁 56。
〔163〕（英）伯特蘭・羅素（Bertrand Russell）：《西方哲學史》（耿麗 譯，重慶：重慶出版社，2016 年），頁 65。
〔164〕同上，頁 59。
〔165〕《開》，頁 50, 51。
〔166〕《開》，頁 126, 127。
〔167〕《自》，頁 113, 114。
〔168〕《烏》，頁 86。
〔169〕《烏》，頁 73。
〔170〕見《論》，頁 94。
〔171〕見《論》，頁 76, 77。
〔172〕見《論》，頁 10。
〔173〕見《論》，頁 4, 5。
〔174〕見《論》，頁 136。
〔175〕《烏》，頁 86。
〔176〕《烏》，頁 112, 113。
〔177〕見《論》，頁 87。
〔178〕見《論》，頁 77。
〔179〕見《論》，頁 28。
〔180〕見《論》，頁 23。
〔181〕《自》，頁 78。
〔182〕《烏》，頁 109-112。
〔183〕《烏》，頁 97。
〔184〕《烏》，頁 219, 220。
〔185〕《自》，頁 71。
〔186〕《開》，頁 73。
〔187〕《開》，頁 70。
〔188〕《開》，頁 74。
〔189〕《烏》，頁 114。
〔190〕《烏》，頁 178。
〔191〕《哲》，頁 282。
〔192〕《哲》，頁 24。
〔193〕《李》，頁 120。
〔194〕《自》，頁 92, 93。
〔195〕https://hk.appledaily.com/international/20210325/5KOOLCYRXBDFVAYS FNJ466T2VE/?utm_campaign=hkad_social_hk.nextmedia&utm_medium =social&utm_source=facebook&utm_content=link_post&utm_source=w hatsapp&utm_medium=messenger&utm_campaign=hkad_article_share &utm_content=share_link
〔196〕https://m.facebook.com/story.php?story_fbid=10159987119237448&id= 105259197447

按：留言夾雜的粗口皆以「＿」代替。

〔197〕同上。
〔198〕《開》，頁 2。
〔199〕《哲》，頁 300, 301。
〔200〕《從》，頁 186, 187。
〔201〕《李天命網上思考》李天命 2012-03-27 14:10:53
〔202〕《歷》，頁 63。
〔203〕《開》，頁 179。
〔204〕《歷》，頁 63。
〔205〕《歷》，頁 68。
〔206〕https://www.facebook.com/watch/?v=1159777641168558
〔207〕《烏》，頁 96, 97。
〔208〕《烏》，頁 91-94。
〔209〕《殺》，頁 44。
〔210〕《李天命網上思考》李天命 2012-02-26 16:08:17
〔211〕《李天命網上思考》李天命 2012-10-10 23:40:48
〔212〕https://www.thestandnews.com/international/%E7%89%B9%E6%9C%97
%E6%99%AE%E6%94%AF%E6%8C%81%E8%80%85%E9%97%96%E5%9C
%8B%E6%9C%83-%E5%8F%AF%E4%BB%A5%E8%88%87%E9%A6%99%E
6%B8%AF%E7%A4%BA%E5%A8%81%E8%80%85-7-1-%E4%BD%94%E9%
A0%98%E7%AB%8B%E6%B3%95%E6%9C%83%E7%9B%B8%E6%8F%90%
E4%B8%A6%E8%AB%96%E5%97%8E
〔213〕同上。
〔214〕《語》，頁 56, 57；新訂本，頁 62, 63。
〔215〕《李天命網上思考》李天命 2012-07-30 11:38:53
〔216〕同注〔212〕。
〔217〕《烏》，頁 112。
〔218〕《烏》，頁 168。
〔219〕《烏》，頁 109。
〔220〕《殺》，頁 47。
〔221〕《從》，頁 84。
〔222〕https://zh.wikipedia.org/wiki/%E7%BA%A2%E5%8D%AB%E5%85%B5
〔223〕《殺》，頁 50。
〔224〕《烏》，頁 174。
〔225〕《烏》，頁 130。
〔226〕《烏》，頁 181, 182。
〔227〕《烏》，頁 160, 161。
〔228〕《殺》，頁 53。
〔229〕《殺》，頁 118。
〔230〕《烏》，頁 100, 101。
〔231〕《烏》，頁 221。
〔232〕https://today.line.me/tw/v2/article/jJrXzK
〔233〕https://news.ebc.net.tw/news/world/173447

〔234〕https://www.thenewslens.com/article/123356
〔235〕https://today.line.me/tw/v2/article/jJrXzK
〔236〕同注〔232〕。
〔237〕《李》，頁 153。
〔238〕同注〔234〕。
〔239〕《烏》，頁 231。
〔240〕《烏》，頁 168。
〔241〕《烏》，頁 95。
〔242〕《烏》，頁 116。
〔243〕《烏》，頁 174。
〔244〕《烏》，頁 176。
〔245〕《殺》，頁 68。
〔246〕《殺》，頁 83。
〔247〕《殺》，頁 74。
〔248〕《殺》，頁 88。
〔249〕《破》，頁 88。
〔250〕《破》，頁 88。
〔251〕《李》，頁 120。
〔252〕《破》，頁 88。
〔253〕《烏》，頁 164。
〔254〕《烏》，頁 116。
〔255〕《殺》，頁 163。
〔256〕《操》，頁 102-106。
〔257〕《李》，頁 20：「表面上我有時會向自己不同意的傳統道德規條妥協，實際上那只是基於技術性的考慮而作出的假裝妥協。比方在一個白癡的國度裏，有些規條你認為是荒謬的，但如果不遵守就會被白癡群咬死，這時基於技術性的考慮，你或會暫時表現得遵守那荒謬的白癡規條。這一點可以叫做『明智假裝原則』。」
〔258〕《李》，頁 32：「我認為悍烈精神極有助於防止被奴役。一個『肯拼』的民族，除非心甘情願，否則對內不會被獨裁者奴役，對外也不會被敵人奴役。只要通過教育培養出『人不犯我，我不犯人；人若犯我，我必拼命』的觀念，建立起『寧為玉碎不為瓦全』的民族原則──且稱此為『玉碎原則』──那就沒有敵人敢來侵略的了，因為那是非常划不來的。……當國人能在理性思考的基礎上表現出悍烈精神的時候，這個民族就露出曙光了。」
〔259〕《哲》，頁 64。
〔260〕《哲》，頁 65。
〔261〕《殺》，頁 101。
〔262〕《哲》，頁 305。
〔263〕《哲》，頁 321。
〔264〕《哲》，頁 322。
〔265〕《哲》，頁 65。
〔266〕《李天命網上思考》李天命 2012-04-05 23:10:55

本　部

透 悟 天 人

天嬰大覺
覺悟天親

天親 ＝ 宇宙層次的、最根源的「元親」

在山野間哭
向西風撒嬌
是虛空的

在天地間哭
向天親撒嬌
是解脫的[1]

——李天命

本文是我將我所認為的哲道之中如何透悟「**天人**」的思想關節的簡略整理。

引子

· 1 ·

哲道雖說由哲學衰微而生，但哲道對某個宗教的批判比起對那個死哲學的批判多得多兼且狠得多。

哲道似乎總是處處針對着某個宗教，為什麼呢？[2]

· 2 ·

因為「人類心靈的終極安頓，必含宗教性。但同時，霸道排他的盲狂宗教又是人類歷史上最大的人為禍源。」[3]

· 3 ·

為了得到心靈的終極安頓，人類需要宗教性的信托，但盲狂的教條卻會聚集盲狂的信徒；盲狂的教條往往不能安頓人心，反而會使盲狂的信徒自陷於地獄而受盡折磨。所以，破解盲目狂妄的思想心態，絕對有助於了解真正能安頓人心的天人信托。

· 4 ·

哲道不單沒有否定信托，甚至肯定信托。哲道要否定的是盲狂迷信——撥開迷霧、清除障礙——最終放下指路明燈，

引領眾生自誅心魔放下自我，達至真正的天人信托。

·5·

盲狂者無法亦無福真正信托，唯天人能為。

一、破盲解狂

·1·

近年有種新興的迷信，轉向信托高智慧的外星人：話說地球文明根本就有高等外星文明滲透其中，而那些高等外星人其實一直都有參與地球文明的發展，而這些外星人的參與目的更是（對於那些迷信者而言是）眾所周知的，就是希望我們人類覺醒，一齊信托那些高等外星人，否則人類只會自取滅亡。

·2·

以上的信條似乎似曾相識，跟「信托至高無上的上帝必上天堂享永福、不信則落地獄受永刑」的信條如出一轍，分別只是後者比前者要盲狂無限倍「而已」。

·3·

問題是，不論前者還是後者，如此荒謬的論調為何都會有人信的呢？

因為世有**思方盲**＋**自大狂**。

（1）破盲

·1·

　　拙於思考的思方盲，連簡單的是非對錯都不懂分辨，這樣的人為了安頓心靈而尋找信托，隨時誤入迷信而不知。

·2·

　　哲道首重思方。在安頓心靈此至關緊要的事情上，思方首要分清有關信條的是非對錯，尤其是要分清盲與不盲、狂與不狂。

·3·

　　思方的目的在於培養理性，但理性並非目的本身，理性只是火炬，為安頓心靈而開路，清除所有盲狂迷信，辨清天人正信。

·4·

　　不過，思方理性只能對治愚盲，卻不足以對治狂妄——「思方一百分，極難；天人一百分，超難。」[4] 此中之超難，就是對治狂妄之難。

（2）解狂

·1·

　　要對治狂妄，先要了解狂妄。

·2·

試比較以下論調：

（a）信托高等外星人，否則人類只會自取滅亡；

（b）信托至高無上的上帝必上天堂享永福、不信則落地獄受永刑；

（c）信托宇宙終極圓滿，人人必可得救。

·3·

不難發現（a）只是某類人的自我中心之虛妄投射，高等外星人無端端為何要幫人類？

·4·

不過，（b）比（a）更狂妄無限倍，真正到家的自大狂是只會接受（b）而不會接受（a）的，因為自大狂認為（b）信上帝比（a）信外星人高級，所以自己比信（a）者更為高級。

·5·

即使自大狂在僅餘的理智裏可能也會隱約覺得其實（c）才最高級，但自大狂總是無法接受人人必可得救的論調的，因為自大狂無法接受（他認為）比自己卑下的人竟會跟自己有平等的待遇。

自大狂需要高人一等——甚至無限等，所以他們需要到處宣揚能令自己比人高人一等的信條，以滿足自以為真可高人一等的虛妄快感。

二、放下自我

自大狂需要高人一等，他們無法想像得到（兼且無法理解、無法接受）世上竟然有一套人人平等、人人必可得救的至高信託。

自大狂妄正是自我的無盡膨脹，而自我膨脹正是人類最深層的心魔，「自我中心→自我膨脹→自大心結→傲慢心結，是接通神祕樂觀的最大障礙。」[5]

愚盲並非最深層的心魔，自我的虛榮心才是最深層的心魔。「心魔不能代誅，心魔只能自誅。自誅心魔，唯有放下自我、放開自我。」[6] 能真切放下自我者，方能真切了解信託、體會信託——絕對信任天地、交托宇宙、真切體會天人親和無間，肯定終極圓滿、心擁神祕樂觀。

對於心擁神祕樂觀的境界的人來說，「世間一切哲學理論與宗教理論，頂多只佔次要的位置，甚或可有可無，大都可以置之不理。」[7]

·5·

如此境界，就是攀峰者的境界——

「當一個人以不屈不撓的無比毅力登上萬丈高峰，在躊躇滿志、張臂擁抱無限風光時，他是一個偉大的征服者。

當他平靜下來，極目乾坤，面對永恆之際，忽然五體投地深深跪拜，恩謝宇宙、恩謝上天、恩謝諸神，在這一刻，他的卑微比那征服者的偉大還要偉大。他不需要理會任何哲學潮流，也不需要理會任何宗教傳銷，他已經可以親歷任何哲學任何宗教所能指向的最高領悟和最深體會了。」[8]

一般人只會沉醉於征服者的偉大感覺裏，而這正是人的虛榮心理。倘能放下自我、恩謝天地，這就達到攀峰者的境界。

·6·

如此境界，亦是天嬰的胸懷加上宇宙公民的心態——

天嬰「見當地為小，見國際為小，見當世為小，甚至見歷史為小，只見天地為大，此之謂胸無上大。」[9]

宇宙公民「恰如其分，既不自我膨脹也不自我萎縮。」[10]

（我念重的人，一方面慾念膨脹，另一方面情義萎縮；這樣的人只見自己不見天地，無怪乎自以為跟天地永存隔膜矣。）

·7·

如此境界者，絕對信托宇宙，在世回歸宇宙，堪稱——

「**天人**」。[11]

天人之信托與回歸，毋須任何人的認同——一個放下了自我、絕對信任天地、肯定終極圓滿的天人，根本毋須爭取任何人對「自己」的體會予以肯定。

三、終極圓滿

·1·

「信者上天堂，不信下地獄」？

世上的確有天堂與地獄，那就是心靈天堂與心靈地獄——「只有對心靈地獄有最深刻的洞察，才能對心靈天國有最高度的體會。」[12]

·2·

仍然存有天堂地獄二分之觀念者，根本就對天地沒有絕對的信任；這樣的人其實離天堂最遠、無非離地獄最近——

仍然以為自己得天獨厚、認為只有自己才能上天堂享永福者，其我念深重無底，一日不放下深重的我念，一日都受着那深重的我念的百般折磨，而這就是我念重者墮落於自己為自己製造的心靈地獄了，而這就是最悲慘的性格悲劇了。

故曰：「**造地獄者不下地獄誰下地獄？**」[13]

·3·

不過，神祕樂觀摧毀地獄，肯定宇宙終極圓滿，最終都會有「地藏菩薩懷抱悲情大願深入地獄，拯救造地獄者。」[14]

後 記

　　本文原名〈透了～催促李生快快交稿〉，曾上載於《李天命網上思考》。如今稍作刪減，加上扉句及注釋，並改名為〈透悟天人〉，是為本書的核心根本部分。以下是關於原文的一些網語紀錄——

盧子 2013-05-03 10:56:24
　　〈透了～催促李生快快交稿〉
　　點解要催李生交稿？因為被李生騙透了。
　　話說早在十年前，李生已經話《劍琴》即將出版，但實情卻出版了《思上》、《哲道》以及《殺悶》，就是未見《劍琴》出版，一等就是十年。直到今年，李生話《劍琴》終於可以在3月出版了，結果到了5月仍是未見蹤影，我真的被李生騙透了……
　　以下拙論本想在見面時講，但見見面不知何期，故在此透露一下，希望李生快快交稿。^_^
　　（原文）
　　以上是我對哲道的一些思想透悟，實則只是將哲道的一些內容東拼西湊罷了，我就將之美其名為「思想透悟」，好冠冕堂皇也。

李天命 2013-05-04 18:30:28
　　//以上是我對哲道的一些思想透悟，實則只是將哲道的一些內容東拼西湊罷了，我就將之美其名為「思想透悟」，好冠冕堂皇也。//
　　稀有難得，確屬透悟！

KMY 2013-06-03 14:38:40
　　收到料：將出現於《天嬰》
　　〈透了～催促李生快快交稿〉
　　http://leetm.mingpao.com/cfm/Forum3.cfm?CategoryID=1&TopicID=1748&TopicOrder=Desc&TopicPage=1&OpinionOrder=Asc
　　對哲道的一些思想透悟

注 釋

〔1〕《李天命網上思考》李天命 2008-12-31 15:37:43

〔2〕李天命說:「我對基督教提出批判,不是為了埋葬,而是為了贈送指南針給予對方。」(參 李天命:《從思考到思考之上》(最終定本,香港:明報出版社,2009 年)(以下簡稱為《從》),頁 98。)李天命亦指出:「近世科學興起以來,宗教一直走着下坡路。然而宗教信仰乃人的『終極關懷』所在,宗教衰微恐怕正是現代人最大的精神危機——虛無傾向——的最深底因。」(參 《從》,頁 190。)拙見認為,哲道之所以對某個宗教的批判比起對那個死哲學的批判多得多兼且狠得多,是因為李天命所關懷的,是整個人類的心靈安頓。

〔3〕李天命:《殺悶思維》(最終定本,香港:明報出版社,2009 年)(以下簡稱為《殺》),頁 159。

〔4〕《李天命網上思考》李天命 2005-12-12 10:02:59

〔5〕李天命:《哲道行者》(最終定本,香港:明報出版社,2009 年)(以下簡稱為《哲》),頁 348。

〔6〕《哲》,頁 321。

〔7〕《從》,頁 90。

〔8〕《殺》,頁 89。

〔9〕《殺》,頁 175。

〔10〕參 〈天下大勢,宇宙公民〉:《從》,頁 90。

〔11〕拙見認為李天命所說的「生命的意義,……完成於信托宇宙,回歸宇宙」(參 《哲》,頁 306)之「回歸宇宙」並非「死亡」的意思,而是指「在世回歸宇宙」,即是真切地放下自我、信托宇宙;此乃攀峰者的境界;亦是拙見認為李天命所說的「**天人**」之深意所在。(「天人」之說,參「**天人過耳即忘**」:《哲》,頁 7。)

〔12〕《哲》,頁 65。

〔13〕《哲》,頁 305。

〔14〕《哲》,頁 305。

智慧解脫 vs 政宗狂熱

作者：盧子
編輯：青森文化編輯組
設計：盧啟平
出版：紅出版（青森文化）
　　　地址：香港灣仔道 133 號卓凌中心 11 樓
　　　出版計劃查詢電話：(852) 2540 7517
　　　電郵：editor@red-publish.com
　　　網址：http://www.red-publish.com
香港總經銷：聯合新零售（香港）有限公司
出版日期：2023 年 9 月
圖書分類：哲學/ 社會/ 心理
ISBN：978-988-8868-03-2
定價：港幣 88 元正/ 新台幣 350 圓正

© 版權所有 · 翻印必究

免責聲明：本書作者的觀點及引用的資料與本社無關，亦不代表本社立場，如牽涉法律責任，一律由作者全部承擔。本社一概不會就本書內容而引致的任何損失或損害承擔任何責任或法律責任。